사전이
필요없는
상공회의소 한자

암기
노트

고급
(1·2급)

KB083247

사전이 필요없는 상공회의소

한자 암기노트 고급 (1·2급)

1판 1쇄 발행 | 2015년 2월 20일

지 은 이 | 멘토르교육교재팀
펴 낸 이 | 안동명·정연미
펴 낸 곳 | 에듀멘토르출판사
기 획 | 신꽃다미·윤정자
편 집 디자인 | 김옥자
표 지 디자인 | 워트먼
마 케 팅 | 김경용·정재영
경 영 지 원 | 김민지
내 용 문 의 | mentorbook@naver.com
등 록 | 2011년 3월 16일 제2009-16호
주 소 | 서울시 광진구 중곡1동 647-21 3층
전 화 | 02-711-0911
팩 스 | 02-711-0920
I S B N | 978-89-94127-69-9 13710
가 격 | 7,800원

암기
노트 2급 한자

1501자!!

총3획

1	2	3	4
巾	尸	兀	刃

5		6	7	8
叉	총4획	戈	勾	仇

9	10	11	12	13
卞	升	什	夭	允

14	15	16	17	18
尹	仍	爪	仄	巴

19	20	21	22	
亢	幻	爻	欠	총5획

총3획

1 巾 수건 건

2 尸 주검 시

3 兀 우뚝할 올

4 刃 칼(날) 인

5 叉 갈래 차

총4획

6 戈 창 과

7 勾 굽을 구

8 仇 원수 구

9 卞 성 변 / 법 변

10 升 되 승 / 오를 승

11 什 열사람 십 / 세간 집

12 夭 일찍죽을 요 / 어린아이 오

13 允 맏 윤

14 尹 성 윤

15 仍 인할 잉

16 爪 손톱 조

17 仄 기울 측

18 巴 꼬리 파

19 亢 높을 항

20 幻 헛보일 환 / 변할 환

21 爻 사귈 효 / 가로그을 효

22 欠 하품 흠

총5획

23	24	25	26	27
叩	瓜	尼	皿	矛

28	29	30	31	32
弁	弗	丕	凹	仗

33	34	35	36	37
汀	汁	叱	札	凸

38	39	40	41	
朮	台	乏	卉	총6획

42	43	44	45	46
奸	艮	攷	匡	臼

23	24	25	26	27
叩	瓜	尼	皿	矛
두드릴 고	오이 과	여승 니(이) 말릴 닐(일)	그릇 명	창 모

28	29	30	31	32
弁	弗	丕	凹	仗
고깔 변 말씀 변	아닐 불 말 불	클 비	오목할 요	의장 장

33	34	35	36	37
汀	汁	叱	札	凸
물가 정	즙 즙 맞을 협	꾸짖을 질	편지 찰	볼록할 철

38	39	40	41	
朮	台	乏	卉	총6획
차조 출	별 태 나 이	모자랄 핍	풀 훼	

42	43	44	45	46
奸	艮	攷	匡	臼
간사할 간	괘이름 간 머무를 간	생각할 고	바를 광	절구 구

47 圭 서옥 규	48 劤 힘 근	49 伎 재간 기	50 肋 갈빗대 륵(늑) 힘줄 근	51 卍 만 만

52 牟 성 모 보리 모	53 汎 넓을 범 소리가늘 핍	54 帆 돛 범	55 汐 조수 석 빠를 계	56 戍 수자리 수

57 丞 정승 승 도울 승	58 艾 쑥 애 다스릴 예	59 曳 끌 예	60 伍 다섯사람 오	61 旭 아침 해 욱

62 戎 병장기 융 오랑캐 융	63 弛 늦출 이 떨어질 치	64 伊 저 이	65 匠 장인 장	66 庄 전장 장 평평할 팽

67 旨 뜻 지	68 灰 재 회	69 朽 썩을 후 썩은냄새 추	70 后 임금 후 왕후 후	71 匈 오랑캐 흉

72 屹　　총7획

73 伽

74 杆

75 匣

76 坑

77 劫

78 串

79 宏

80 灸

81 扱

82 汲

83 杞

84 妓

85 汽

86 沂

87 岐

88 尿

89 禿

90 沌

91 杜

92 呂

93 牢

94 芒

95 沔

72 屹	총7획	73 伽	74 杆	75 匣
산우뚝솟을 **흘**		절 **가**	몽둥이 **간**	갑 **갑**

76 坑	77 劫	78 串	79 宏	80 灸
구덩이 **갱**	위협할 **겁**	땅이름 **곶** 꿸 **관**	클 **굉**	뜸 **구**

81 扱	82 汲	83 杞	84 妓	85 汽
거둘 **급** 거두어가질 **흡**	물길을 **급**	구기자 **기**	기생 **기**	물끓는김 **기** 거의 **흘**

86 沂	87 岐	88 尿	89 禿	90 沌
물이름 **기** 지경 **은**	갈림길 **기**	오줌 **뇨(요)**	대머리 **독**	엉길 **돈**

91 杜	92 呂	93 牢	94 芒	95 沔
막을 **두**	성 **려(여)** 법칙 **려(여)**	우리 **뢰(뇌)**	까끄라기 **망** 황홀할 **황**	물이름 **면** 빠질 **면**

96	97	98	99	100
牡	沐	巫	汶	吻

101	102	103	104	105
坊	彷	甫	孚	汾

106	107	108	109	110
庇	删	杉	抒	宋

111	112	113	114	115
迅	冶	吳	沃	阮

116	117	118	119	120
汪	妖	佑	迂	灼

| 96 牡 수컷 모 | 97 沐 머리감을 목 | 98 巫 무당 무 | 99 汶 물이름 문 / 산이름 민 | 100 吻 입술 문 |

| 101 坊 동네 방 | 102 彷 헤맬 방 | 103 甫 클 보 / 채마밭 포 | 104 孚 미쁠 부 | 105 汾 클 분 / 물구를 분 |

| 106 庇 덮을 비 | 107 刪 깎을 산 | 108 杉 삼나무 삼 | 109 抒 풀 서 | 110 宋 성 송 |

| 111 迅 빠를 신 | 112 冶 풀무 야 | 113 吳 성 오 | 114 沃 기름질 옥 | 115 阮 성 완 / 나라이름 원 |

| 116 汪 넓을 왕 | 117 妖 요사할 요 | 118 佑 도울 우 | 119 迂 에돌 우 / 굽을 오 | 120 灼 불사를 작 |

121	122	123	124	125
芍	岑	杖	狄	甸

126	127	128	129	130
佃	呈	町	址	沖

131	132	133	134	135
呑	兌	汰	坂	阪

136	137	138	139	140
抛	杓	沆	肛	杏

141		142	143	144
夾	총**8**획	邯	岬	岡

| 121 芍 함박꽃 작 연밥 적 | 122 岑 봉우리 잠 | 123 杖 지팡이 장 | 124 狄 오랑캐 적 | 125 甸 경기 전 |

| 126 佃 밭 갈 전 | 127 呈 드릴 정 | 128 町 밭두둑 정 | 129 址 터 지 | 130 沖 화할 충 |

| 131 吞 삼킬 탄 | 132 兌 바꿀 태 기쁠 태 | 133 汰 일 태 | 134 坂 고개 판 | 135 阪 언덕 판 |

| 136 抛 던질 포 | 137 杓 북두자루 표 구기 작 | 138 沆 넓을 항 | 139 肛 항문 항 | 140 杏 살구 행 |

| 141 夾 낄 협 | 142 총8획 邯 땅이름 감 조나라서울 한 | 143 岬 곶 갑 | 144 岡 산등성이 강 |

① 手巾(　　) ② 抗卞(　　) ③ 升降(　　)

④ 數爻(　　) ⑤ 花卉(　　) ⑥ 丕績(　　)

⑦ 幻影(　　) ⑧ 窮乏(　　) ⑨ 永劫(　　)

⑩ 抛棄(　　) ⑪ 岡陵(　　) ⑫ 肛門(　　)

⑬ 焦灼(　　) ⑭ 牡畜(　　) ⑮ 律呂(　　)

답을 골라 볼까...

율려	모축	수건	항변	초작
항문	승강	수효	강릉	포기
화훼	비적	환영	궁핍	영겁

한자 단어의 음과 뜻을 새기며 읽어 보자.

① 手巾(수건) 몸을 닦기 위하여 만든 천
　　　　　(手 손 수 巾 수건 건)

② 抗卞(항변) 항의(抗 겨룰 항 卞 성/법 변)

③ 升降(승강) 오르고 내림(升 되/오를 승 降 내릴 강)

④ 數爻(수효) 사물의 수(數 셈 수 爻 사귈/가로그을 효)

⑤ 花卉(화훼) 꽃이 피는 풀(花 꽃 화 卉 풀 훼)

⑥ 丕績(비적) 훌륭하게 여길 만한 큰 공적
　　　　　(丕 클 비 績 길쌈할 적)

⑦ 幻影(환영) 눈앞에 없는 것이 있는 것처럼 보이는 것
　　　　　(幻 헛보일/변할 환 影 그림자 영)

⑧ 窮乏(궁핍) 몹시 가난하고 궁함
　　　　　(窮 다할/궁할 궁 乏 모자랄 핍)

⑨ 永劫(영겁) 영원한 세월(永 길/읊을 영 劫 위협할 겁)

⑩ 抛棄(포기) 하던 일을 중도에 그만둠
　　　　　(抛 던질 포 棄 버릴 기)

⑪ 岡陵(강릉) 언덕이나 작은 산
　　　　　(岡 산등성이 강 陵 언덕 릉(능))

⑫ 肛門(항문) 포유 동물의 똥구멍(肛 항문 항 門 문 문)

⑬ 焦灼(초작) 근심하여 속이 탐
　　　　　(焦 탈/그을릴 초 灼 불사를 작)

⑭ 牡畜(모축) 가축의 수컷(牡 수컷 모 畜 짐승/쌓을 축)

⑮ 律呂(율려) 음악이나 음성의 가락
　　　　　(律 법칙 율(률) 呂 성/법칙 려(여))

145	146	147	148	149
羌	芥	杰	怯	股

150	151	152	153	154
昆	卦	乖	邱	穹

155	156	157	158	159
芩	拈	弩	坌	旽

160	161	162	163	164
拉	沫	抹	枚	旼

165	166	167	168	169
泮	肪	枋	帛	泛

145	146	147	148	149
羌	芥	杰	怯	股
오랑캐 **강**	겨자 **개**	뛰어날 **걸**	겁낼 **겁**	넓적다리 **고**

150	151	152	153	154
昆	卦	乖	邱	穹
맏 **곤** 덩어리 **혼**	점괘 **괘**	어그러질 **괴**	언덕 **구**	하늘 **궁**

155	156	157	158	159
芩	拈	弩	垈	旽
풀이름 **금**	집을 **념** 집을 **점**	쇠뇌 **노**	집터 **대**	밝을 **돈**

160	161	162	163	164
拉	沫	抹	枚	旼
끌 **랍(납)**	물거품 **말**	지울 **말**	낱 **매**	화할 **민** 하늘 **민**

165	166	167	168	169
泮	肪	枋	帛	泛
물가 **반** 녹을 **반**	기름 **방**	다목 **방** 자루 **병**	비단 **백**	뜰 **범** 물소리 **핍**

170	171	172	173	174
幷	秉	斧	阜	芙

175	176	177	178	179
忿	芬	沸	泌	泗

180	181	182	183	184
衫	泄	邵	沼	厓

185	186	187	188	189
芮	旿	玩	旺	盂

190	191	192	193	194
芸	怡	俏	炙	姉

170	171	172	173	174
幷	秉	斧	阜	芙
아우를 병	잡을 병	도끼 부	언덕 부	연꽃 부

175	176	177	178	179
忿	芬	沸	泌	泗
성낼 분	향기 분	끓을 비 용솟음할 불	분비할 비 스며흐를 필	물이름 사

180	181	182	183	184
衫	泄	邵	沼	厓
적삼 삼	샐 설 흩어질 예	땅이름 소 성 소	못 소	언덕 애

185	186	187	188	189
芮	昕	玩	旺	盂
성 예 나라이름 열	밝을 오	희롱할 완	왕성할 왕	사발 우

190	191	192	193	194
芸	怡	佾	炙	姊
향풀 운 재주 예	기쁠 이	춤 줄 일	구울 자 구울 적	손윗누이 자

195	196	197	198	199
杵	沮	咀	邸	岾

200	201	202	203	204
阻	呪	芝	肢	帙

205	206	207	208	209
刹	采	帖	炒	竺

210	211	212	213	214
侈	陀	坦	兎	妬

215	216	217	218	219
坡	芭	佩	坪	泡

195	196	197	198	199
杵	沮	咀	邸	岾
공이 **저**	막을 **저**	씹을 **저**	집 **저**	땅이름 **점** 고개 **재**

200	201	202	203	204
阻	呪	芝	肢	帙
막힐 **조**	빌 **주**	지초 **지**	팔다리 **지**	책권차례 **질**

205	206	207	208	209
刹	采	帖	炒	竺
절 **찰**	풍채 **채**	문서 **첩** 체지 **체**	볶을 **초**	나라이름 **축** 두터울 **독**

210	211	212	213	214
侈	陀	坦	兎	妬
사치할 **치**	비탈질 **타** 부처 **타**	평탄할 **탄**	토끼 **토**	샘낼 **투**

215	216	217	218	219
坡	芭	佩	坪	泡
언덕 **파**	파초 **파**	찰 **패**	들 **평**	거품 **포**

220	221	222	223	224
怖	披	函	杭	劾

225	226	227	228	229
弦	狐	昊	弧	欣

총9획	230	231	232	233
	迦	柯	苛	恪

234	235	236	237	238
竿	柑	姜	拷	拱

239	240	241	242	243
括	咬	垢	奎	剋

| 220 怖 두려워할 포 | 221 披 헤칠 피 | 222 函 함 함 | 223 杭 건널 항 | 224 劾 꾸짖을 핵 힘쓸 해 |

| 225 弦 시위 현 | 226 狐 여우 호 | 227 昊 하늘 호 | 228 弧 활 호 | 229 欣 기쁠 흔 |

총 9획

| 230 迦 부처이름 가 | 231 柯 가지 가 | 232 苛 가혹할 가 | 233 恪 삼갈 각 |

| 234 竿 낚싯대 간 | 235 柑 귤 감 재갈물릴 겸 | 236 姜 성 강 | 237 拷 칠 고 | 238 拱 팔짱낄 공 |

| 239 括 묶을 괄 | 240 咬 물 교 | 241 垢 때 구 | 242 奎 별 규 걸을 규 | 243 剋 이길 극 새길 각 |

244	245	246	247	248
衿	矜	祇	挈	玭

249	250	251	252	253
洛	亮	侶	玲	陋

254	255	256	257	258
昧	茅	珀	勃	胚

259	260	261	262	263
盂	柏	范	炳	柄

264	265	266	267	268
狋	訃	盆	毘	砒

244	245	246	247	248
衿	矜	祇	拏	玳
옷깃 **금**	자랑할 **긍** 창자루 **근**	땅귀신 **기** 다만 **지**	잡을 **나**	대모 **대**

249	250	251	252	253
洛	亮	侶	玲	陋
물이름 **락(낙)**	밝을 **량(양)**	짝 **려(여)**	옥소리 **령(영)**	더러울 **루(누)**

254	255	256	257	258
昧	茅	珀	勃	胚
어두울 **매**	띠 **모**	호박 **박** 호박 **백**	노할 **발**	아이밸 **배**

259	260	261	262	263
盃	柏	范	炳	柄
잔 **배**	측백 **백**	성 **범**	불꽃 **병** 밝을 **병**	자루 **병**

264	265	266	267	268
洑	訃	盆	毘	砒
보 **보** 스며흐를 **복**	부고 **부**	동이 **분**	도울 **비**	비상 **비**

269 砂
270 珊
271 庠
272 牲
273 胥

274 洙
275 狩
276 盾
277 洵
278 柿

279 柴
280 屍
281 俄
282 按
283 昂

284 彦
285 衍
286 盈
287 歪
288 姚

289 禹
290 郁
291 昱
292 苑
293 垣

269	270	271	272	273
砂	珊	庠	牲	胥
모래 사	산호 산	학교 상	희생 생	서로 서 모두 서

274	275	276	277	278
洙	狩	盾	洵	柿
물가 수	사냥할 수	방패 순 사람이름 돈	참으로 순 멀 현	감나무 시 대패밥 폐

279	280	281	282	283
柴	屍	俄	按	昂
섶 시 울짱 채	주검 시	아까 아	누를 안 막을 알	밝을 앙

284	285	286	287	288
彦	衍	盈	歪	姚
선비 언	넓을 연	찰 영	기울 왜 기울 외	예쁠 요

289	290	291	292	293
禹	郁	昱	苑	垣
성 우	성할 욱	햇빛밝을 욱	나라동산 원 막힐 울	담 원

다음 한자 단어의 음을 보기에서 골라 적어 보자.

① 卑怯(　　) ② 股肱(　　) ③ 拉致(　　)

④ 蒼昊(　　) ⑤ 苛酷(　　) ⑥ 芳芬(　　)

⑦ 拷問(　　) ⑧ 忿怒(　　) ⑨ 旺盛(　　)

⑩ 佩物(　　) ⑪ 恐怖(　　) ⑫ 刹那(　　)

⑬ 矜持(　　) ⑭ 身柄(　　) ⑮ 屍軀(　　)

답을 골라 볼까...

긍지	시구	신병	찰나	공포
고굉	창호	방분	분노	패물
비겁	납치	가혹	고문	왕성

※ 상공회의소 한자시험 기출 한자들입니다.

한자 단어의 음과 뜻을 새기며 읽어 보자.

① 卑怯(비겁) 옹졸하여 당당치 못하며 겁이 많음
　　　　　　(卑 낮을 비 怯 겁낼 겁)

② 股肱(고굉) 다리와 팔뚝에 비길 만한 신하로 임금이 가장 신임하
　　　　　　는 중신(股 넓적다리 고 肱 팔뚝 굉)

③ 拉致(납치) 강제 수단을 써서 억지로 데리고 감
　　　　　　(拉 끌 납(랍) 致 이를/빽빽할 치)

④ 蒼昊(창호) 넓은 하늘(蒼 푸를 창 昊 하늘 호)

⑤ 苛酷(가혹) 까다롭고 혹독함
　　　　　　(苛 가혹할 가 酷 독할/심할 혹)

⑥ 芳芬(방분) 향기로움(芳 꽃다울 방 芬 향기 분)

⑦ 拷問(고문) 숨기고 있는 사실을 강제로 고통을 주며 신문함
　　　　　　(拷 칠 고 問 물을 문)

⑧ 忿怒(분노) 분하여 몹시 성냄(忿 성낼 분 怒 성낼 노(로))

⑨ 旺盛(왕성) 한창 성함(旺 왕성할 왕 盛 성할 성)

⑩ 佩物(패물) 몸에 차는 장식물(佩 찰 패 物 물건 물)

⑪ 恐怖(공포) 무서움과 두려움(恐 두려울 공 怖 두려워할 포)

⑫ 刹那(찰나) 어떤 일이나 사물 현상이 일어나는 바로 그때. 매우
　　　　　　짧은 시간(刹 절 찰 那 어찌 나)

⑬ 矜持(긍지) 자신의 힘과 능력을 믿음으로써 가지는 자랑
　　　　　　(矜 자랑할 긍/창자루 근 持 가질 지)

⑭ 身柄(신병) 보호나 구금의 대상이 되는 본인의 몸
　　　　　　(身 몸 신 柄 자루 병)

⑮ 屍軀(시구) 사람의 죽은 몸뚱이(屍 주검 시 軀 몸 구)

294 韋	295 宥	296 俞	297 胤	298 咽
299 姃	300 咨	301 芋	302 迪	303 点
304 俎	305 冑	306 紒	307 拯	308 祉
309 津	310 昶	311 柵	312 穿	313 酋
314 峙	315 勅	316 胎	317 苔	318 扁

294	295	296	297	298
韋	宥	兪	胤	咽
가죽 위	너그러울 유	대답할 유 나라이름 수	자손 윤	목구멍 인 삼킬 연

299	300	301	302	303
姙	咨	苧	迪	点
아이밸 임	물을 자	모시풀 저	나아갈 적	점찍을 점

304	305	306	307	308
俎	胄	紂	拯	祉
도마 조	투구 주	주임금 주	건질 증	복 지

309	310	311	312	313
津	昶	栅	穿	酋
나루 진	해길 창	울타리 책	뚫을 천	우두머리 추

314	315	316	317	318
峙	勅	胎	苔	扁
언덕 치	칙서, 조서, 신칙할 칙	아이밸 태	이끼 태	작을 편

319	320	321	322	323
苞	虐	哈	咳	炫
324	325	326	327	328
俔	玹	頁	俠	型
329	330	331	332	333
炯	虹	宦	廻	恤
334	335		336	337
洽	姬	총10획	哥	痁
338	339	340	341	342
虔	适	珖	矩	躬

319	320	321	322	323
苞	虐	哈	咳	炫
쌀 포	모질 학	물고기많은모양 합	어린아이웃을 해	밝을 현

324	325	326	327	328
俔	玹	頁	俠	型
염탐할 현	옥돌 현	머리 혈 책면 엽	의기로울 협	모형 형

329	330	331	332	333
炯	虹	宦	廻	恤
빛날 형	무지개 홍	벼슬 환	돌 회	불쌍할 휼

334	335		336	337
洽	姬	총10획	哥	疳
흡족할 흡	계집 희		성 가	감질 감

338	339	340	341	342
虔	适	珖	矩	躬
공경할 건	빠를 괄	옥피리 광	모날 구	몸 궁

343	344	345	346	347
倦	珪	衾	耆	拏

348	349	350	351	352
紐	袒	疼	桐	胴

353	354	355	356	357
珞	烙	狼	凌	娩

358	359	360	361	362
挽	耗	畝	紋	剝

363	364	365	366	367
畔	紡	俳	栢	倂

343	344	345	346	347
倦	珪	衾	耆	拿
게으를 권 문서 권	홀 규	이불 금	늙은이 기 이룰 지	잡을 나
348	349	350	351	352
紐	袒	疼	桐	胴
맺을 뉴(유)	웃통벗을 단 터질 탄	아플 동 아플 등	오동나무 동	큰창자 동 몸통 동
353	354	355	356	357
珞	烙	狼	凌	娩
구슬목걸이 락(낙)	지질 락(낙)	이리 랑(낭)	업신여길 릉(능) 얼음 릉(능)	낳을 만 번식할 반
358	359	360	361	362
挽	耗	畝	紋	剝
당길 만	소모할 모	이랑 무 이랑 묘	무늬 문	벗길 박
363	364	365	366	367
畔	紡	俳	栢	倂
밭두둑 반 배반할 반	길쌈 방	배우 배	측백 백	아우를 병

368 茯	369 俸	370 峰	371 釜	372 俯
373 剖	374 匪	375 秘	376 唆	377 紗
378 祠	379 娑	380 扇	381 屑	382 陝
383 閃	384 宵	385 袖	386 筍	387 陞
388 翅	389 訊	390 娠	391 峨	392 娥

368	369	370	371	372
茯	俸	峰	釜	俯
복령 **복**	녹 **봉**	봉우리 **봉**	가마 **부**	구부릴 **부**

373	374	375	376	377
剖	匪	秘	唆	紗
쪼갤 **부**	비적 **비** 나눌 **분**	숨길 **비**	부추길 **사**	비단 **사**

378	379	380	381	382
祠	娑	扇	屑	陝
사당 **사**	춤출 **사** 사바세상 **사**	부채 **선**	가루 **설** 달갑게여길 **설**	땅이름 **섬**

383	384	385	386	387
閃	宵	袖	荀	陞
번쩍일 **섬**	밤 **소** 닮을 **초**	소매 **수**	풀이름 **순**	오를 **승**

388	389	390	391	392
翅	訊	娠	峨	娥
날개 **시**	물을 **신** 말할 **신**	아이밸 **신**	높을 **아**	예쁠 **아**

393	394	395	396	397
晏	秧	埃	捐	烟

398	399	400	401	402
涅	浣	倭	茸	祐

403	404	405	406	407
耘	袁	殷	倚	珥

408	409	410	411	412
荏	疳	迹	栓	浙

413	414	415	416	417
釘	挺	悌	祚	曺

393 晏 늦을 안	394 秧 모 앙	395 埃 티끌 애	396 捐 버릴 연	397 烟 연기 연 김 인
398 涅 개흙 열 앙금흙 날	399 浣 빨 완	400 倭 왜나라 왜	401 茸 풀날 용 버섯 이	402 祐 복 우
403 耘 김맬 운	404 袁 성 원	405 殷 은나라 은 검붉은빛 안	406 倚 의지할 의 기이할 기	407 珥 귀고리 이
408 荏 들깨 임	409 疽 등창 저	410 迹 자취 적	411 栓 마개 전	412 浙 강이름 절
413 釘 못 정	414 挺 빼어날 정	415 悌 공손할 제	416 祚 복 조	417 曹 성 조

418	419	420	421	422
倧	挫	浚	峻	埈

423	424	425	426	427
准	祗	脂	砥	晉

428	429	430	431	432
疹	秦	窄	站	倡

433	434	435	436	437
脊	陟	隻	哨	蜀

438	439	440	441	442
衷	秤	託	耽	套

418	419	420	421	422
伀	挫	浚	峻	埈
상고신인 종	꺾을 좌	깊게할 준	높을 준 준엄할 준	높을 준

423	424	425	426	427
准	祇	脂	砥	晉
비준 준 콧마루 절	공경할 지 땅귀신 기	기름 지	숫돌 지	나아갈 진

428	429	430	431	432
疹	秦	窄	站	倡
마마 진	성 진	좁을 착	역마을 참	광대 창

433	434	435	436	437
脊	陟	隻	哨	芻
등마루 척	오를 척	외짝 척	망볼 초 경계할 초	꼴 추

438	439	440	441	442
衷	秤	託	耽	套
속마음 충	저울 칭	부탁할 탁	즐길 탐	씌울 투

① 穿孔 (   ) ② 咨歎 (   ) ③ 頁巖 (   )

④ 閃光 (   ) ⑤ 結紐 (   ) ⑥ 拿捕 (   )

⑦ 剝脫 (   ) ⑧ 衾枕 (   ) ⑨ 袒肩 (   )

⑩ 畝溝 (   ) ⑪ 紡織 (   ) ⑫ 俸給 (   )

⑬ 折衷 (   ) ⑭ 倦怠 (   ) ⑮ 封套 (   )

답을 골라 볼까...

혈암	단견	나포	봉투	봉급
자탄	금침	결뉴	권태	방직
묘구	박탈	섬광	절충	천공

※ 상공회의소 한자시험 기출 한자들입니다.

한자 단어의 음과 뜻을 새기며 읽어 보자.

① 穿孔(천공) 구멍을 뚫음(穿 뚫을 천 孔 구멍 공)

② 咨歎(자탄) 가엾게 여기어 탄식함(咨 물을 자 歎 탄식할 탄)

③ 頁巖(혈암) 수성암의 하나인 이판암(泥板巖)
　　　　　　(頁 머리 혈/책면 엽 巖 바위 암)

④ 閃光(섬광) 순간적으로 번쩍이는 빛(閃 번쩍일 섬 光 빛 광)

⑤ 結紐(결뉴) 끈을 맴. 그렇게 얽어 맺는 것
　　　　　　(結 맺을 결 紐 맺을 뉴(유))

⑥ 拿捕(나포) 다른 나라의 선박을 붙잡아 두는 행위
　　　　　　(拿 잡을 나 捕 잡을 포)

⑦ 剝脫(박탈) 벗기어 떨어지게 함(剝 벗길 박 脫 벗을 탈)

⑧ 衾枕(금침) 이부자리와 베개(衾 이불 금 枕 베개 침)

⑨ 袒肩(단견) 한쪽 어깨를 내어 놓음
　　　　　　(袒 웃통벗을 단/터질 탄 肩 어깨 견)

⑩ 畝溝(묘구) 땅 사이에 길고 좁게 움푹 파인 곳
　　　　　　(畝 이랑 무/이랑 묘 溝 도랑 구)

⑪ 紡織(방직) 실을 날아서 옷감이나 피륙을 짬
　　　　　　(紡 길쌈 방 織 짤 직)

⑫ 俸給(봉급) 일을 한 노동의 대가로 정기적으로 받는 보수
　　　　　　(俸 녹 봉 給 줄 급)

⑬ 折衷(절충) 어느 편으로 치우치지 않고 잘 취사하여 알맞게 함
　　　　　　(折 꺾을 절 衷 속마음 충)

⑭ 倦怠(권태) 시들해져서 생기는 게으름이나 싫증
　　　　　　(倦 게으를/문서 권 怠 게으를 태)

⑮ 封套(봉투) 편지나 서류 등을 넣을 수 있게 만든 종이주머니
　　　　　　(封 봉할 봉 套 씌울 투)

443	444	445	446	447
湨	悖	唄	砲	袍

448	449	450	451	452
哺	疱	圃	豹	陜

453	454	455	456	457
珦	峴	眩	脇	峽

458	459	460	461	462
挾	狹	荊	笏	桓

463		464	465	466
晃	총11획	袈	桿	紺

443 浿 강이름 **패**	444 悖 거스를 패 우쩍일어날 **발**	445 唄 염불소리 **패**	446 砲 대포 **포**	447 袍 도포 **포**
448 哺 먹일 **포**	449 疱 물집 **포**	450 圃 채마밭 **포**	451 豹 표범 **표**	452 陜 땅이름 합 좁을 **협**
453 珦 옥이름 **향**	454 峴 고개 **현**	455 眩 어지러울 현 요술 **환**	456 脇 겨드랑이 **협**	457 峽 골짜기 **협**
458 挾 낄 **협**	459 狹 좁을 **협**	460 荊 가시 **형**	461 笏 홀 **홀**	462 桓 굳셀 **환**
463 晃 밝을 **황**	총11획	464 袈 가사 **가**	465 桿 난간 **간**	466 紺 감색 **감**

467	468	469	470	471
勘	崗	偈	訣	脛

472	473	474	475	476
莖	梗	悸	袴	皐

477	478	479	480	481
袞	崑	控	耆	毬

482	483	484	485	486
寇	逑	堀	掘	眷

487	488	489	490	491
捲	圈	硅	崎	捺

467 勘 헤아릴 **감**	468 崗 언덕 **강**	469 偈 불시 **게**	470 訣 이별할 **결**	471 脛 정강이 **경**
472 莖 줄기 **경**	473 梗 줄기 **경**	474 悸 두근거릴 **계**	475 袴 바지 고 사타구니 **과**	476 皐 언덕 **고**
477 袞 곤룡포 **곤**	478 崑 산이름 **곤**	479 控 당길 공 칠 **강**	480 耇 늙을 **구**	481 毬 공 **구**
482 寇 도적 **구**	483 逑 짝 **구**	484 堀 굴 **굴**	485 掘 팔 굴 뚫을 **궐**	486 眷 돌볼 **권**
487 捲 말 **권**	488 圈 우리 **권**	489 硅 규소 **규**	490 崎 험할 **기**	491 捺 누를 **날**

492	493	494	495	496
訥	匿	蛋	袋	悼

497	498	499	500	501
兜	朗	翎	鹵	婁

502	503	504	505	506
琉	崙	勒	淋	粒

507	508	509	510	511
笠	曼	晃	舶	陪

512	513	514	515	516
梵	捧	烽	跌	彬

492 訥 말더듬거릴 **눌**	493 匿 숨길 **닉(익)** 사악할 **특**	494 蜑 새알 **단**	495 袋 자루 **대**	496 悼 슬퍼할 **도**
497 兜 투구 **두** 도솔천 **도**	498 朗 밝을 **랑(낭)**	499 翎 깃 **령(영)**	500 鹵 소금 **로(노)**	501 婁 끌 **루(누)** 별이름 **루(누)**
502 琉 유리 **류(유)**	503 崙 산이름 **륜(윤)** 산모양 **륜(윤)**	504 勒 굴레 **륵(늑)**	505 淋 임질 **림(임)** 장마 **림(임)**	506 粒 낟알 **립(입)**
507 笠 삿갓 **립(입)**	508 曼 길게끌 **만**	509 冕 면류관 **면**	510 舶 배 **박**	511 陪 모실 **배**
512 梵 불경 **범**	513 捧 받들 **봉**	514 烽 봉화 **봉**	515 趺 책상다리할 **부**	516 彬 빛날 **빈** 밝을 **반**

517	518	519	520	521
莎	徙	赦	笙	峼

522	523	524	525	526
晟	逍	巢	紹	梳

527	528	529	530	531
滄	羞	淳	匙	紳

532	533	534	535	536
悉	啞	堊	庵	崖

537	538	539	540	541
掖	液	倻	掩	梧

517 莎 사초 **사**	518 徙 옮길 **사**	519 赦 용서할 **사**	520 笙 생황 **생**	521 卨 사람이름 **설**
522 晟 밝을 **성**	523 逍 노닐 **소**	524 巢 새집 **소**	525 紹 이을 **소** 느슨할 **초**	526 梳 얼레빗 **소**
527 飧 저녁밥 **손** 먹을 **찬**	528 羞 부끄러울 **수**	529 淳 순박할 **순** 폭 **준**	530 匙 숟가락 **시**	531 紳 띠 **신**
532 悉 다 **실**	533 啞 벙어리 **아** 웃을 **액**	534 垩 흰흙 **악** 성인 **성**	535 庵 암자 **암**	536 崖 언덕 **애**
537 掖 겨드랑이 **액** 낄 **액**	538 液 진 **액** 담글 **석**	539 倻 가야 **야**	540 掩 가릴 **엄**	541 梧 오동나무 **오**

542 訛	543 莞	544 婉	545 寃	546 尉
547 堉	548 翊	549 瓷	550 雀	551 梓
552 笛	553 剪	554 粘	555 旌	556 偵
557 梯	558 粗	559 釣	560 措	561 曹
562 彫	563 紬	564 做	565 趾	566 窒

542	543	544	545	546
訛	莞	婉	寃	尉
그릇될 **와**	빙그레할 **완** 왕골 **관**	순할 **완**	원통할 **원**	벼슬 **위** 다리미 **울**

547	548	549	550	551
堉	翊	瓷	雀	梓
기름진땅 **육**	도울 **익**	사기그릇 **자**	참새 **작**	가래나무 **재**

552	553	554	555	556
笛	剪	粘	旌	偵
피리 **적**	가위 **전**	붙을 **점**	기 **정**	염탐할 **정**

557	558	559	560	561
梯	粗	釣	措	曹
사다리 **제**	거칠 **조**	낚을 **조** 낚시 **조**	둘조 섞을**착** 잡을 **책**	무리 **조**

562	563	564	565	566
彫	紬	做	趾	窒
새길 **조**	명주 **주**	지을 **주**	발 **지**	막힐 **질**

567 斬	568 娼	569 捷	570 釗	571 崔
572 娶	573 唾	574 舵	575 笿	576 桶
577 堆	578 婆	579 逋	580 脯	581 涵
582 盒	583 煉	584 舷	585 莢	586 彗
587 扈	588 凰	589 晦	590 淮	591 臬

567 斬 벨 참	568 娼 창녀 창	569 捷 빠를 첩 / 이길 첩	570 鈔 좋은쇠 초	571 崔 성 최 / 높을 최
572 娶 장가들 취	573 唾 침 타	574 舵 키 타	575 笞 볼기칠 태	576 桶 통 통 / 되 용
577 堆 쌓을 퇴	578 婆 할미 파	579 逋 도망갈 포	580 脯 포 포 / 회식할 포	581 涵 젖을 함
582 盒 합 합	583 煉 빛날 혁 / 꾸짖을 하	584 舷 뱃전 현	585 莢 꼬투리 협	586 彗 살별 혜
587 扈 따를 호	588 凰 봉황 황	589 晦 그믐 회	590 淮 물이름 회	591 梟 올빼미 효

다음 한자 단어의 음을 보기에서 골라 적어 보자.

① 哺乳(　　) ② 悖倫(　　) ③ 挾攻(　　)

④ 梗塞(　　) ⑤ 語訥(　　) ⑥ 聾啞(　　)

⑦ 移徙(　　) ⑧ 船舶(　　) ⑨ 彬蔚(　　)

⑩ 發掘(　　) ⑪ 輿圈(　　) ⑫ 赦免(　　)

⑬ 紹介(　　) ⑭ 悼亡(　　) ⑮ 巢窟(　　)

답을 골라 볼까...

협공	사면	소개	도망	소굴
패륜	선박	빈울	발굴	여권
포유	경색	어눌	농아	이사

※ 상공회의소 한자시험 기출 한자들입니다.

① 哺乳(포유) 제 몸의 젖으로 새끼를 먹여 기름
   (哺 먹일 포 乳 젖 유)

② 悖倫(패륜) 사람의 도리에 어긋남(悖 거스를 패 倫 인륜 륜(윤))

③ 挾攻(협공) 양쪽으로 끼고 공격하는 것(挾 낄 협 攻 칠 공)

④ 梗塞(경색) 소통되지 못하고 막힘(梗 줄기/막힐 경 塞 막을 색)

⑤ 語訥(어눌) 말을 더듬어 유창하지 못함
   (語 말씀 어 訥 말더듬거릴 눌)

⑥ 聾啞(농아) 듣고 말하지 못하는 사람
   (聾 귀먹을 농(롱) 啞 벙어리 아/웃을 액)

⑦ 移徙(이사) 집을 옮김(移 옮길 이 徙 옮길 사)

⑧ 船舶(선박) 배를 전문 용어로 일컫는 말(船 배 선 舶 배 박)

⑨ 彬蔚(빈울) 무늬 모양이 찬란함
   (彬 빛날 빈/밝을 반 蔚 고을이름 울/제비쑥 위)

⑩ 發掘(발굴) 땅 속에 묻힌 물건을 파냄
   (發 필 발 掘 팔 굴/뚫을 궐)

⑪ 與圈(여권) 여당에 속하는 정치가의 범위
   (與 더불/줄 여 圈 우리 권)

⑫ 赦免(사면) 죄나 허물을 용서하여 풀어 줌
   (赦 용서할 사 免 면할 면)

⑬ 紹介(소개) 알지 못하는 것을 다른 사람들에게 알림
   (紹 이을 소/느슨할 초 介 낄 개)

⑭ 悼亡(도망) 죽은 아내를 생각하여 슬퍼함
   (悼 슬퍼할 도 亡 망할 망/없을 무)

⑮ 巢窟(소굴) 나쁜 짓을 하는 사람들의 활동 근거지
   (巢 새집 소 窟 굴 굴)

痕 592

총12획

跏 593

訶 594

殼 595

喝 596

堪 597

嵌 598

腔 599

凱 600

渠 601

揭 602

痙 603

雇 604

棍 605

菓 606

棺 607

款 608

傀 609

喬 610

絞 611

裙 612

晷 613

揆 614

鈞 615

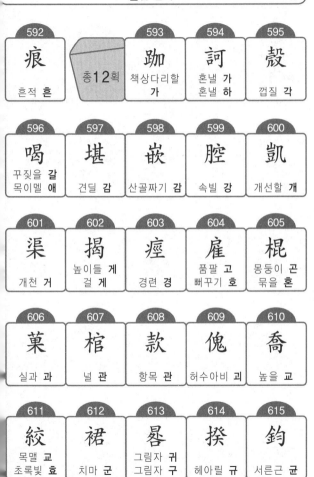

592 痕 흔적 흔	총12획	593 跍 책상다리할 가	594 訶 혼낼 가 / 혼낼 하	595 殼 껍질 각
596 喝 꾸짖을 갈 / 목이멜 애	597 堪 견딜 감	598 嵌 산골짜기 감	599 腔 속빌 강	600 凱 개선할 개
601 渠 개천 거	602 揭 높이들 게 / 걸 게	603 痙 경련 경	604 雇 품팔 고 / 뻐꾸기 호	605 棍 몽둥이 곤 / 묶을 혼
606 菓 실과 과	607 棺 널 관	608 款 항목 관	609 傀 허수아비 괴	610 喬 높을 교
611 絞 목맬 교 / 초록빛 효	612 裙 치마 군	613 晷 그림자 귀 / 그림자 구	614 揆 헤아릴 규	615 釣 서른근 균

616 棘	617 戟	618 筋	619 碁	620 棋
621 琪	622 琦	623 喫	624 湍	625 湛
626 棠	627 憙	628 屠	629 萄	630 棟
631 痘	632 萊	633 硫	634 菱	635 裡
636 痢	637 琳	638 萌	639 棉	640 帽

616	617	618	619	620
棘	戟	筋	朞	棋
가시 극	창 극	힘줄 근	돌 기	바둑 기

621	622	623	624	625
琪	琦	喫	湍	湛
아름다운옥 기	옥이름 기	먹을 끽	여울 단	괼 담 / 잠길 침

626	627	628	629	630
棠	悳	屠	萄	棟
아가위 당	큰 덕 / 덕 덕	죽일 도 / 흉노왕칭호 저	포도 도	마룻대 동

631	632	633	634	635
痘	萊	硫	菱	裡
역질 두	명아주 래(내)	유황 류(유)	마름 릉(능)	속 리(이)

636	637	638	639	640
痢	琳	萌	棉	帽
이질 리(이) / 설사 리(이)	옥 림(임)	움 맹 / 활량나물 명	목화 면	모자 모

641	642	643	644	645
猫	描	悶	閔	斑

646	647	648	649	650
渤	跋	幇	菩	堡

651	652	653	654	655
棒	琫	傅	腑	焚

656	657	658	659	660
棚	琵	扉	脾	斌

661	662	663	664	665
奢	傘	森	揷	湘

641 猫 고양이 묘	642 描 그릴 묘 묘사할 묘	643 悶 답답할 민	644 閔 성 민	645 斑 아롱질 반
646 渤 바다이름 발 발해 발	647 跋 밟을 발	648 幫 도울 방	649 菩 보살 보 향초이름 배	650 堡 작은성 보
651 棒 막대 봉	652 琫 칼집장식 봉	653 傅 스승 부	654 腑 육부 부	655 焚 불사를 분
656 棚 사다리 붕	657 琵 비파 비	658 扉 사립문 비	659 脾 지라 비	660 斌 빛날 빈
661 奢 사치할 사	662 傘 우산 산	663 森 수풀 삼	664 插 꽂을 삽	665 湘 강이름 상

666	667	668	669	670
翔	黍	棲	犀	堉

671	672	673	674	675
舒	晢	惺	貰	疎

676	677	678	679	680
巽	隋	舜	筍	媤

681	682	683	684	685
弑	湜	殖	腎	握

686	687	688	689	690
菴	腋	堰	淵	硯

666 翔 날 상	667 黍 기장 서	668 棲 깃들일 서 살 서	669 犀 무소 서	670 壻 사위 서
671 舒 펼 서	672 晳 밝을 석	673 惺 깨달을 성	674 貰 세놓을 세	675 疎 성길 소
676 巽 부드러울 손	677 隋 수나라 수 떨어질 타	678 舜 순임금 순	679 筍 죽순 순	680 媤 시집 시 여자이름 사
681 弑 윗사람죽일 시	682 湜 물맑을 식	683 殖 불릴 식	684 腎 콩팥 신	685 握 쥘 악 작을 옥
686 菴 암자 암	687 腋 겨드랑이 액	688 堰 둑 언	689 淵 못 연	690 硯 벼루 연

691 焰	692 蛙	693 渦	694 腕	695 堯
696 湧	697 隅	698 寓	699 媛	700 渭
701 萎	702 庾	703 釉	704 喩	705 愉
706 游	707 絨	708 揖	709 椅	710 貳
711 靭	712 壹	713 剩	714 滋	715 棧

691 焰 불꽃 염	692 蛙 개구리 와 개구리 왜	693 渦 소용돌이 와	694 腕 팔뚝 완	695 堯 요임금 요
696 湧 물솟을 용	697 隅 모퉁이 우	698 寓 부칠 우	699 媛 계집 원	700 渭 물이름 위
701 萎 시들 위	702 庾 곳집 유 노적가리 유	703 釉 광택 유	704 喩 깨우칠 유	705 愉 즐거울 유 구차할 투
706 游 헤엄칠 유 깃발 류	707 絨 가는베 융	708 揖 읍할 읍 모일 집	709 椅 의자 의	710 貳 두 이 갖은두 이
711 靭 질길 인	712 壹 한 일 갖은한 일	713 剩 남을 잉	714 滋 불을 자	715 棧 사다리 잔 성할 진

716 猪	717 渚	718 奠	719 幀	720 晶
721 桼	722 詔	723 蛛	724 註	725 週
726 粥	727 診	728 脹	729 敞	730 菖
731 喘	732 喆	733 貼	734 菁	735 椒
736 焦	737 硝	738 椎	739 軸	740 惰

716	717	718	719	720
猪	渚	奠	幀	晶
돼지 저	물가 저	정할 전·제사 전 멈출 정	그림족자 정 그림족자 탱	맑을 정

721	722	723	724	725
棗	詔	蛛	註	週
대추 조	조서 조 소개할 소	거미 주	글뜻풀 주	주일 주

726	727	728	729	730
粥	診	脹	敞	菖
죽 죽 팔 육	진찰할 진	부을 창	시원할 창	창포 창

731	732	733	734	735
喘	喆	貼	菁	椒
숨찰 천	밝을 철	붙일 첩	우거질 청 순무 정	산초나무 초

736	737	738	739	740
焦	硝	椎	軸	惰
탈 초	화약 초	쇠몽치 추 등골 추	굴대 축	게으를 타

① 雇傭 (　　) ② 痕跡 (　　) ③ 絞首 (　　)

④ 堪耐 (　　) ⑤ 凱旋 (　　) ⑥ 款待 (　　)

⑦ 筋肉 (　　) ⑧ 將棋 (　　) ⑨ 葡萄 (　　)

⑩ 棲息 (　　) ⑪ 森林 (　　) ⑫ 明晳 (　　)

⑬ 剩餘 (　　) ⑭ 菩薩 (　　) ⑮ 强靭 (　　)

답을 골라 볼까...

개선	감내	교수	흔적	고용
장기	포도	삼림	잉여	강인
관대	근육	서식	명석	보살

※ 상공회의소 한자시험 기출 한자들입니다.

① 雇傭(고용) 보수를 받고 남의 일을 해줌
　　　　　　(雇 품팔 고/뻐꾸기 호 傭 품팔 용)

② 痕跡(흔적) 뒤에 남은 자국이나 자취
　　　　　　(痕 흔적 흔 跡 자취 적)

③ 絞首(교수) 사형수의 목을 매어 죽임
　　　　　　(絞 목맬 교/초록빛 효 首 머리 수)

④ 堪耐(감내) 참고 견딤(堪 견딜 감 耐 견딜 내/능할 능)

⑤ 凱旋(개선) 경기나 전쟁에서 승리하고 돌아옴
　　　　　　(凱 개선할 개 旋 돌 선)

⑥ 款待(관대) 친절하게 대하거나 정성껏 대접함
　　　　　　(款 항목/정성 관 待 기다릴 대)

⑦ 筋肉(근육) 힘줄과 살을 통틀어 이르는 말
　　　　　　(筋 힘줄 근 肉 고기 육)

⑧ 將棋(장기) 말을 번갈아 두며 승부를 가리는 민속놀이
　　　　　　(將 장수/장차 장 棋 바둑 기)

⑨ 葡萄(포도) 포도나무의 열매(葡 포도 포 萄 포도 도)

⑩ 棲息(서식) 동물이 깃들여 삶(棲 깃들일/살 서 息 숨쉴 식)

⑪ 森林(삼림) 나무가 많이 우거진 곳
　　　　　　(森 수풀 삼 林 수풀 림(임))

⑫ 明晳(명석) 분명하고 똑똑함(明 밝을 명 晳 밝을 석)

⑬ 剩餘(잉여) 나머지(剩 남을 잉 餘 남을 여)

⑭ 菩薩(보살) 깨달음을 구하고 중생을 교화하는 부처의 버금이
　　　　　　되는 자(菩 보살 보/향초이름 배 薩 보살 살)

⑮ 強靭(강인) 억세고 질김(強 강할 강 靭 질길 인)

741 琢	742 筒	743 琶	744 牌	745 彭
746 貶	747 馮	748 弼	749 閒	750 蛤
751 壺	752 琥	753 渾	754 喚	755 隍
756 喉	757 勛	758 欽	총13획	759 賈
760 嫁	761 葛	762 腱	763 鈞	764 溝

741 琢 다듬을 **탁**	742 筒 통 **통**	743 琶 비파 **파**	744 牌 패 **패**	745 彭 성 **팽** 곁 **방**
746 貶 낮출 **폄** 폄할 **폄**	747 馮 성 **풍** 업신여길 **빙**	748 弼 도울 **필**	749 閒 틈 **한** 사이 **간**	750 蛤 조개 **합**
751 壺 병 **호**	752 琥 호박 **호**	753 渾 흐릴 **혼**	754 喚 부를 **환**	755 隍 해자 **황**
756 喉 목구멍 **후**	757 勛 공 **훈**	758 欽 공경할 **흠**	총13획	759 賈 값 **가** 장사 **고**
760 嫁 시집갈 **가**	761 葛 칡 **갈**	762 腱 힘줄 **건**	763 鉤 갈고리 **구**	764 溝 도랑 **구**

765	766	767	768	769
鳩	舅	窟	葵	筠

770	771	772	773	774
隙	祺	畸	碁	嗜

775	776	777	778	779
溺	痰	塘	頓	董

780	781	782	783	784
遁	裸	酪	煉	鈴

785	786	787	788	789
虜	溜	慄	楞	稜

| 765 鳩 비둘기 구 | 766 舅 시아비 구 | 767 窟 굴 굴 | 768 葵 해바라기 규 | 769 筠 대나무 균 |

| 770 隙 틈 극 | 771 祺 길할 기 | 772 畸 떼기밭 기 | 773 碁 바둑 기 | 774 嗜 즐길 기 |

| 775 溺 빠질 닉(익) 오줌 뇨(요) | 776 痰 가래 담 | 777 塘 못 당 | 778 頓 조아릴 돈 둔할 둔 | 779 董 감독할 동 짧을 종 |

| 780 遁 숨을 둔 뒷걸음칠 준 | 781 裸 벗을 라(나) | 782 酪 쇠젖 락(낙) | 783 煉 달굴 련(연) | 784 鈴 방울 령(영) |

| 785 虜 사로잡을 로(노) | 786 溜 처마물 류(유) | 787 慄 떨릴 률(율) | 788 楞 네모질 릉(능) | 789 稜 모날 릉(능) |

790	791	792	793	794
痲	貊	溟	瑁	慇

795	796	797	798	799
搏	頒	搬	鉢	瓶

800	801	802	803	804
溥	裨	痺	裳	肆

805	806	807	808	809
獅	嗣	煞	瑞	筮

810	811	812	813	814
鼠	詵	羨	腺	楔

790	791	792	793	794
痲	貊	溟	瑁	愍
저릴 마	맥국 맥	바다 명 가랑비오는모양 몃	옥홀 모 대모 매	근심할 민

795	796	797	798	799
搏	頒	搬	鉢	瓶
두드릴 박 어깨 박	나눌 반 머리클 분	옮길 반	바리때 발	병 병

800	801	802	803	804
溥	裨	痺	裟	肆
펼 부 넓을 보	도울 비	저릴 비 왜소할 비	가사 사	방자할 사

805	806	807	808	809
獅	嗣	煞	瑞	筮
사자 사	이을 사	죽일 살 매우 쇄	상서 서	점 서

810	811	812	813	814
鼠	詵	羨	腺	楔
쥐 서	많을 선 많을 신	부러워할 선 무덤길 연	샘 선	문설주 설

815 塑	816 碎	817 酬	818 竪	819 綏
820 嫂	821 馴	822 楯	823 詢	824 嵩
825 瑟	826 軾	827 蛾	828 衙	829 碩
830 筵	831 椽	832 暎	833 預	834 裔
835 奧	836 鈺	837 雍	838 頑	839 矮

815	816	817	818	819
塑	碎	酬	竪	綏
흙빛을 소	부술 쇄	갚을 수 / 갚을 주	세울 수	편안할 수

820	821	822	823	824
嫂	馴	楯	詢	嵩
형수 수	길들일 순 / 가르칠 훈	난간 순	물을 순	높은산 숭

825	826	827	828	829
瑟	軾	蛾	衙	碍
큰거문고 슬	가로나무 식	나방 아 / 개미 의	마을 아 / 갈 어	거리낄 애 / 푸른돌 의

830	831	832	833	834
筵	椽	暎	預	裔
대자리 연	서까래 연	비칠 영	맡길 예 / 미리 예	후손 예

835	836	837	838	839
奧	鈺	雍	頑	矮
깊을 오 / 따뜻할 욱	보배 옥	화할 옹	완고할 완	난쟁이 왜

840	841	842	843	844
溶	傭	虞	瑀	隕

845	846	847	848	849
猿	葦	楡	瑜	溢

850	851	852	853	854
煮	雌	盞	滓	楮

855	856	857	858	859
煎	塡	鈿	詮	楨

860	861	862	863	864
艇	鼎	靖	稠	腫

840	841	842	843	844
溶	傭	虞	瑀	隕
녹을 **용**	품팔 **용** 고를 **총**	염려할 **우** 나라이름 **우**	패옥 **우**	떨어질 **운** 둘레 **원**

845	846	847	848	849
猿	葦	楡	瑜	溢
원숭이 **원**	갈대 **위**	느릅나무 **유**	아름다운옥 **유**	넘칠 **일**

850	851	852	853	854
煮	雌	盞	滓	楮
삶을 **자**	암컷 **자**	잔 **잔**	찌끼 **재**	닥나무 **저**

855	856	857	858	859
煎	塡	鈿	詮	楨
달일 **전** 졸일 **전**	메울 **전** 진정할 **진**	비녀 **전**	설명할 **전**	광나무 **정**

860	861	862	863	864
艇	鼎	靖	稠	腫
배 **정**	솥 **정**	편안할 **정**	빽빽할 **조**	종기 **종**

865	866	867	868	869
誅	稙	搾	滄	僉

870	871	872	873	874
詹	牒	楚	蜀	塚

875	876	877	878	879
楸	鄒	椿	雉	馳

880	881	882	883	884
痴	稚	稗	葡	稟

885	886	887	888	889
楓	豊	逼	廈	瑕

865	866	867	868	869
誅	稙	搾	滄	僉
벨 주	올벼 직	짤 착	큰바다 창	다 첨 여러 첨

870	871	872	873	874
詹	牒	楚	蜀	塚
이를 첨 넉넉할 담	편지 첩	초나라 초	나라이름 촉	무덤 총

875	876	877	878	879
楸	鄒	椿	雉	馳
가래 추	추나라 추	참죽나무 춘	꿩 치	달릴 치

880	881	882	883	884
痴	稚	稗	葡	稟
어리석을 치	어릴 치	피 패	포도 포	여쭐 품 곳집 름

885	886	887	888	889
楓	豊	逼	廈	瑕
단풍 풍	풍년 풍	핍박할 핍	문간방 하	허물 하

① 貶下(　　)   ② 頒布(　　)   ③ 全裸(　　)

④ 出嫁(　　)   ⑤ 賈船(　　)   ⑥ 洞窟(　　)

⑦ 骨董(　　)   ⑧ 痲藥(　　)   ⑨ 運搬(　　)

⑩ 筆筒(　　)   ⑪ 筵奏(　　)   ⑫ 袈裟(　　)

⑬ 後裔(　　)   ⑭ 古塚(　　)   ⑮ 誅殺(　　)

답을 골라 볼까...

운반	마약	골동	가사	주살
동굴	출가	고선	연주	고총
전라	반포	폄하	필통	후예

※ 상공회의소 한자시험 기출 한자들입니다.

① 貶下(폄하) 아래 등급으로 깎아내림

(貶 낮출/폄할 폄 下 아래 하)

② 頒布(반포) 널리 펴서 알게 함

(頒 나눌 반/머리클 분 布 베/펼 포)

③ 全裸(전라) 알몸(全 온전할 전 裸 벗을 라(나))

④ 出嫁(출가) 처녀가 결혼해서 나감(出 날/나갈 출 嫁 시집갈 가)

⑤ 賈船(고선) 장사를 하는 배(賈 장사 고/값 가 船 배 선)

⑥ 洞窟(동굴) 넓고 깊은 굴(洞 골 동/밝을 통 窟 굴 굴)

⑦ 骨董(골동) 여러 가지 자질구레한 것이 한데 섞인 것

(骨 뼈 골 董 감독할 동/짧을 종)

⑧ 痲藥(마약) 중독 증상을 일으키는 물질을 통틀어 일컫는 말

(痲 저릴 마 藥 약 약)

⑨ 運搬(운반) 물건을 실어서 옮겨 나름(運 옮길 운 搬 옮길 반)

⑩ 筆筒(필통) 연필, 지우개 등을 넣는 기구

(筆 붓 필 筒 통 통)

⑪ 筵奏(연주) 임금의 면전에서 사연을 아룀

(筵 대자리 연 奏 아뢸 주)

⑫ 袈裟(가사) 스님이 왼쪽 어깨에서 오른쪽 겨드랑이 밑으로 걸친

천(袈 가사 가 裟 가사 사)

⑬ 後裔(후예) 후손(後 뒤/임금 후 裔 후손 예)

⑭ 古塚(고총) 오래 된 무덤(古 옛 고 塚 무덤 총)

⑮ 誅殺(주살) 죄를 물어 죽임

(誅 벨 주 殺 죽일 살/윗사람죽일 시)

890	891	892	893	894
楷	歇	鉉	瑚	琿

895	896	897	898	899
畵	靴	煥	滑	滉

900	901	902	903	904
煌	慌	嗅	暈	萱

905	906	907	총14획	908
彙	暉	詰		嘉

909	910	911	912	913
褐	碣	箇	漑	覡

890	891	892	893	894
楷	歇	鉉	瑚	琿
본보기 해	쉴헐 개이름갈 사람이름 알	솥귀 현	산호 호	아름다운옥 혼

895	896	897	898	899
畵	靴	煥	滑	滉
그림 화 그을 획	신 화	빛날 환	미끄러울 활 익살스러울 골	깊을 황

900	901	902	903	904
煌	慌	嗅	暈	萱
빛날 황	어리둥절할 황	맡을 후	무리 훈	원추리 훤

905	906	907		908
彙	暉	詰	총**14**획	嘉
무리 휘	빛 휘	꾸짖을 힐		아름다울 가

909	910	911	912	913
褐	碣	箇	漑	覡
갈색 갈	비석 갈	낱 개	물댈 개	박수(남자무당) 격

914 甄	915 諴	916 誥	917 膏	918 廓
919 魁	920 槐	921 僑	922 閨	923 兢
924 綺	925 箕	926 漣	927 榴	928 綸
929 綾	930 瑪	931 寞	932 輓	933 鞅
934 網	935 誣	936 駁	937 箔	938 槃

914	915	916	917	918
甄	諴	誥	膏	廓
질그릇 **견** 질그릇장인 **진**	경계할 **계**	고할 **고**	기름 **고**	둘레 **곽**

919	920	921	922	923
魁	槐	僑	閨	兢
괴수 **괴**	회화나무 **괴**	더부살이 **교**	안방 **규**	떨릴 **긍**

924	925	926	927	928
綺	箕	漣	榴	綸
비단 **기**	키 **기**	잔물결 **련(연)**	석류나무 **류(유)**	벼리 **륜(윤)** 허리끈 **관**

929	930	931	932	933
綾	瑪	寞	輓	韈
비단 **릉(능)**	차돌 **마** 마노 **마**	고요할 **막**	끌 **만** 애도할 **만**	말갈 **말** 버선 **말**

934	935	936	937	938
網	誣	駁	箔	槃
그물 **망**	속일 **무**	논박할 **박** 얼룩말 **박**	발 **박**	쟁반 **반** 즐길 **반**

939	940	941	942	943
榜	襄	閥	輔	褓

944	945	946	947	948
僕	鄙	翡	緋	飼

949	950	951	952	953
酸	滲	碩	銑	遡

954	955	956	957	958
韶	遜	綏	蒐	粹

959	960	961	962	963
漱	銖	塾	瘍	鳶

939	940	941	942	943
榜	襄	閥	輔	褓
방붙일 **방** 도지개 **병**	성 **배** 치렁치렁할 **배**	문벌 **벌**	도울 **보**	포대기 **보**

944	945	946	947	948
僕	鄙	翡	緋	飼
종 **복**	더러울 **비** 마을 **비**	물총새 **비**	비단 **비**	기를 **사**

949	950	951	952	953
酸	滲	碩	銑	遡
실 **산**	스며들 **삼**	클 **석**	무쇠 **선**	거스를 **소**

954	955	956	957	958
韶	遜	綏	蒐	粹
풍류이름 **소**	겸손할 **손**	끈 **수**	모을 **수**	순수할 **수** 부술 **쇄**

959	960	961	962	963
漱	銖	塾	瘍	鳶
양치질할 **수**	저울눈 **수**	글방 **숙**	헐 **양**	솔개 **연**

964 髥	965 厭	966 睿	967 窩	968 瑤
969 踊	970 熔	971 蓉	972 裲	973 熊
974 毓	975 爾	976 駉	977 磁	978 綽
979 獐	980 翟	981 嫡	982 箋	983 塼
984 銓	985 截	986 禎	987 趙	988 漕

964	965	966	967	968
髥	厭	睿	窩	瑤
구레나룻 염	싫어할 염 누를 엽	슬기 예	움집 와	아름다운옥 요

969	970	971	972	973
踊	熔	蓉	禑	熊
뛸 용	쇠녹일 용	연꽃 용	복 우	곰 웅

974	975	976	977	978
毓	爾	馹	磁	綽
기를 육	너 이	역말 일	자석 자	너그러울 작

979	980	981	982	983
獐	翟	嫡	箋	塼
노루 장	꿩 적 고을이름 책	정실 적	기록할 전	벽돌 전

984	985	986	987	988
銓	截	禎	趙	漕
사람가릴 전	끊을 절	상서로울 정	나라 조	배로실어나를 조

989 肇	990 綜	991 賑	992 塵	993 箚
994 僭	995 彰	996 槍	997 綵	998 滌
999 綴	1000 摠	1001 聚	1002 翠	1003 嘆
1004 腿	1005 蒲	1006 衙	1007 閤	1008 赫
1009 酷	1010 誨	1011 酵	1012 熏	1013 熙

989	990	991	992	993
肇	綜	賑	塵	箚
비롯할 조	모을 종	구휼할 진	티끌 진	찌를 차
994	995	996	997	998
僭	彰	槍	綵	滌
주제넘을 참	드러날 창	창 창	비단 채	씻을 척
999	1000	1001	1002	1003
綴	摠	聚	翠	嘆
엮을 철	모두 총	모을 취	푸를 취 물총새 취	탄식할 탄
1004	1005	1006	1007	1008
腿	蒲	銜	閤	赫
넓적다리 퇴	부들 포	재갈 함	쪽문 합	빛날 혁
1009	1010	1011	1012	1013
酷	誨	酵	熏	熙
심할 혹	가르칠 회	삭힐 효	불길 훈	빛날 희

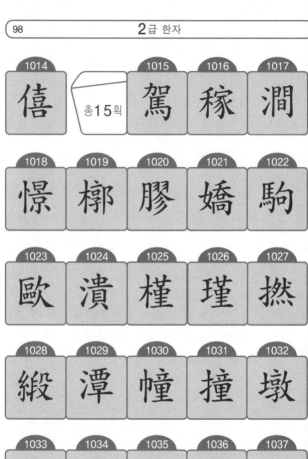

1014 僖	총15획	1015 駕	1016 稼	1017 澗
1018 憬	1019 槨	1020 膠	1021 嬌	1022 駒
1023 歐	1024 潰	1025 槿	1026 瑾	1027 撚
1028 緞	1029 潭	1030 幢	1031 撞	1032 墩
1033 憧	1034 潼	1035 遯	1036 鄧	1037 樑

1014		1015	1016	1017
僖 기쁠 **희**	총**15**획	駕 멍에 **가**	稼 심을 **가**	澗 산골물 **간**

1018	1019	1020	1021	1022
憬 깨달을 **경** 동경할 **경**	槨 외관 **곽**	膠 아교 **교**	嬌 아리따울 **교**	駒 망아지 **구**

1023	1024	1025	1026	1027
歐 게워낼 **구** 구라파 **구**	潰 무너질 **궤**	槿 무궁화 **근**	瑾 아름다운옥 **근**	撚 비빌 **년**

1028	1029	1030	1031	1032
緞 비단 **단**	潭 못 **담** 물가 **심**	幢 기 **당** 드리워진모양 **동**	撞 칠 **당**	墩 돈대 **돈**

1033	1034	1035	1036	1037
憧 동경할 **동** 어리석을 **동**	潼 물이름 **동** 끈적끈적할 **종**	遁 달아날 **둔**	鄧 나라이름 **등**	樑 들보 **량(양)**

문제 07

다음 한자 단어의 음을 보기에서 골라 적어 보자.

① 魁首 (　　) ② 索寞 (　　) ③ 誡命 (　　)

④ 輪廓 (　　) ⑤ 經綸 (　　) ⑥ 僑胞 (　　)

⑦ 財閥 (　　) ⑧ 鄙劣 (　　) ⑨ 遡及 (　　)

⑩ 窩窟 (　　) ⑪ 憧憬 (　　) ⑫ 愛嬌 (　　)

⑬ 緋緞 (　　) ⑭ 隱遯 (　　) ⑮ 棟樑 (　　)

답을 골라 볼까...

동량	소급	교포	계명	괴수
애교	은둔	비열	경륜	삭막
와굴	동경	비단	재벌	윤곽

※ 상공회의소 한자시험 기출 한자들입니다.

① 魁首(괴수) 한 무리의 우두머리(魁 괴수 괴 首 머리 수)

② 索寞(삭막) 황폐하여 쓸쓸함(索 노 삭/찾을 색 寞 고요할 막)

③ 誡命(계명) 종교나 도덕적으로 지켜야 할 규범

    (誡 경계할 계 命 목숨 명)

④ 輪廓(윤곽) 사물의 대강의 테두리나 겉모양

    (輪 바퀴 윤(륜) 廓 둘레 곽)

⑤ 經綸(경륜) 일정한 포부를 가지고 일을 조직적으로 계획함

    (經 지날/글 경 綸 벼리 륜(윤))

⑥ 僑胞(교포) 외국에 살고 있는 동포(僑 더부살이 교 胞 세포 포)

⑦ 財閥(재벌) 세력 있는 자본가의 무리(財 재물 재 閥 문벌 벌)

⑧ 鄙劣(비열) 성품이나 행동이 천하고 졸렬함

    (鄙 더러울/마을 비 劣 못할 열(렬))

⑨ 遡及(소급) 지나간 일에까지 거슬러 올라가서 미치게 함

    (遡 거스를 소 及 미칠 급)

⑩ 窩窟(와굴) 소굴(窩 움집 와 窟 굴 굴)

⑪ 憧憬(동경) 그리는 마음으로 그것만을 생각함

    (憧 동경할/어리석을 동 憬 동경할/깨달을 경)

⑫ 愛嬌(애교) 예쁘게 보이는 태도

    (愛 사랑 애 嬌 아리따울 교)

⑬ 緋緞(비단) 명주실로 두껍고 윤이 나게 짠 옷감

    (緋 비단 비 緞 비단 단)

⑭ 隱遁(은둔) 세상을 등지고 도피하여 숨음

    (隱 숨을 은 遁 달아날 둔)

⑮ 棟樑(동량) 기둥과 들보 또는 매우 큰 인재를 비유함

    (棟 마룻대 동 樑 들보 량(양))

1038	1039	1040	1041	1042
黎	閻	輦	撈	魯

1043	1044	1045	1046	1047
寮	劉	瘤	戮	璃

1048	1049	1050	1051	1052
摩	膜	蔓	罵	魅

1053	1054	1055	1056	1057
蔑	撫	潘	撥	潑

1058	1059	1060	1061	1062
賠	魄	幡	樊	僻

1038	1039	1040	1041	1042
黎	閭	輦	撈	魯
검을 려(여)	마을 려(여)	가마 련(연)	건질 로(노)	노나라 로(노) 노둔할 로(노)

1043	1044	1045	1046	1047
寮	劉	瘤	戮	璃
동관 료(요)	죽일 류(유)	혹 류(유)	죽일 륙(육)	유리 리(이)

1048	1049	1050	1051	1052
摩	膜	蔓	罵	魅
문지를 마	꺼풀 막 막 막	덩굴 만	꾸짖을 매	매혹할 매 도깨비 매

1053	1054	1055	1056	1057
蔑	撫	潘	撥	潑
업신여길 멸	어루만질 무	성 반 뜨물 반	다스릴 발	물뿌릴 발

1058	1059	1060	1061	1062
賠	魄	幡	樊	僻
물어줄 배	넋 백 재강 박	기 번	울타리 번	궁벽할 벽 피할 피

1063 蓬	1064 鋒	1065 膚	1066 敷	1067 噴
1068 儳	1069 撒	1070 蓼	1071 澁	1072 箱
1073 鋤	1074 瀉	1075 奭	1076 瘦	1077 醇
1078 膝	1079 蝕	1080 鞍	1081 瑩	1082 瘟
1083 窯	1084 褥	1085 蔚	1086 蔭	1087 毅

1063	1064	1065	1066	1067
蓬	鋒	膚	敷	噴
쑥 **봉**	칼날 **봉**	살갗 **부**	펼 **부**	뿜을 **분**

1068	1069	1070	1071	1072
傻	撒	蔘	澁	箱
잘게부술 **사** 잘게부술 **새**	뿌릴 **살**	삼 **삼**	떫을 **삽**	상자 **상**

1073	1074	1075	1076	1077
鋤	瀉	奭	瘦	醇
호미 **서**	개펄 **석**	클 **석** 쌍백 **석**	여윌 **수**	전국술 **순**

1078	1079	1080	1081	1082
膝	蝕	鞍	瑩	瘟
무릎 **슬**	좀먹을 **식**	안장 **안**	밝을 **영** 의혹할 **형**	염병 **온**

1083	1084	1085	1086	1087
窯	褥	蔚	蔭	毅
기와가마 **요**	요 **욕**	고을이름 **울** 제비쑥 **위**	그늘 **음**	굳셀 **의**

1088	1089	1090	1091	1092
誼	餌	箴	蔣	漿

1093	1094	1095	1096	1097
璋	諍	箸	塵	箭

1098	1099	1100	1101	1102
篆	鄭	槽	遭	嘲

1103	1104	1105	1106	1107
駐	廚	稷	膣	澄

1108	1109	1110	1111	1112
遮	撰	廠	瘡	蔡

1088	1089	1090	1091	1092
誼	餌	箴	蔣	漿
정 의	미끼 이	경계 잠	성 장	즙 장

1093	1094	1095	1096	1097
璋	諍	箸	廛	箭
홀 장	간할 쟁	젓가락 저 붙을 착	가게 전	살 전

1098	1099	1100	1101	1102
篆	鄭	槽	遭	嘲
전자 전 도장 전	나라 정	구유 조	만날 조	비웃을 조

1103	1104	1105	1106	1107
駐	廚	稷	膣	澄
머무를 주	부엌 주	피 직	음도 질	맑을 징

1108	1109	1110	1111	1112
遮	撰	廠	瘡	蔡
가릴 차	지을 찬 가릴 선	공장 창	부스럼 창	성 채 내칠 살

1113	1114	1115	1116	1117
撤	澈	締	醋	撮

1118	1119	1120	1121	1122
樞	駝	撑	褒	鋪

1123	1124	1125	1126	1127
蝦	餉	墟	鞋	糊

1128		1129	1130	1131
嬉	총16획	諫	墾	憾

1132	1133	1134	1135	1136
黔	磬	頸	暻	璟

1113 撤 거둘 철	1114 澈 맑을 철	1115 締 맺을 체	1116 醋 초 초 잔돌릴 작	1117 撮 모을 촬 사진찍을 촬
1118 樞 지도리 추 나무이름 우	1119 駝 낙타 타	1120 撐 버틸 탱	1121 褒 기릴 포 모을 부	1122 鋪 펼 포 가게 포
1123 蝦 두꺼비 하 새우 하	1124 餉 건량 향	1125 墟 터 허	1126 鞋 신 혜 가죽신 혜	1127 糊 풀칠할 호
1128 嬉 아름다울 희	총16획	1129 諫 간할 간	1130 墾 개간할 간	1131 憾 섭섭할 감 근심할 담
1132 黔 검을 검 귀신이름 금	1133 磬 경쇠 경	1134 頸 목 경	1135 暻 밝을 경	1136 璟 옥빛 경

1137	1138	1139	1140	1141
稽	錮	窺	橘	冀

1142	1143	1144	1145	1146
璣	濃	澹	曇	賭

1147	1148	1149	1150	1151
駱	濂	盧	遼	凜

1152	1153	1154	1155	1156
罹	璘	燐	霖	穆

1157	1158	1159	1160	1161
蕪	縛	蕃	燔	輻

1137	1138	1139	1140	1141
稽	錮	窺	橘	冀
상고할 **계**	막을 **고**	엿볼 **규**	귤 **귤**	바랄 **기**

1142	1143	1144	1145	1146
璣	濃	澹	曇	賭
별이름 **기**	짙을 **농**	맑을 **담** 넉넉할 **섬**	흐릴 **담**	내기 **도**

1147	1148	1149	1150	1151
駱	濂	盧	遼	廩
낙타 **락(낙)**	물이름 **렴(염)** 경박할 **섬**	성 **로(노)** 목로 **로(노)**	멀 **료(요)**	곳집 **름**

1152	1153	1154	1155	1156
罹	璘	燐	霖	穆
걸릴 **리(이)**	옥빛 **린(인)**	도깨비불 **린(인)**	장마 **림(임)**	화목할 **목**

1157	1158	1159	1160	1161
蕪	縛	蕃	燔	輻
거칠 **무**	얽을 **박**	불을 **번**	사를 **번**	바퀴살 **복** 바퀴살 **폭**

1162	1163	1164	1165	1166
憑	錫	膳	遲	醒

1167	1168	1169	1170	1171
褶	謚	闕	鴨	禦

1172	1173	1174	1175	1176
諺	闇	燁	穎	叡

1177	1178	1179	1180	1181
濊	踰	諭	融	彛

1182	1183	1184	1185	1186
頤	諮	澱	錠	蹄

1162	1163	1164	1165	1166
憑	錫	膳	暹	醒
기댈 빙	주석 석	선물 선 반찬 선	햇살치밀 섬 나라이름 섬	깰 성

1167	1168	1169	1170	1171
褶	諡	關	鴨	禦
주름 습 덧옷 첩	시호 시	가로막을 알 흉노왕비 연	오리 압	막을 어

1172	1173	1174	1175	1176
諺	閻	燁	穎	叡
언문 언 속담 언	마을 염	빛날 엽	이삭 영	밝을 예

1177	1178	1179	1180	1181
濊	踰	諭	融	彝
종족이름 예 그물던지는소리 활	넘을 유 멀 요	타이를 유	녹을 융	떳떳할 이

1182	1183	1184	1185	1186
頤	諮	澱	錠	蹄
턱 이	물을 자	앙금 전	덩이 정	굽 제

① 漿胎( ) ② 撮影( ) ③ 摩擦( )

④ 蔑視( ) ⑤ 賠償( ) ⑥ 支撐( )

⑦ 嘲弄( ) ⑧ 箴言( ) ⑨ 毅然( )

⑩ 冀願( ) ⑪ 結縛( ) ⑫ 遺憾( )

⑬ 賭博( ) ⑭ 防禦( ) ⑮ 證憑( )

답을 골라 볼까...

지탱	의연	유감	방어	증빙
마찰	배상	잠언	결박	도박
장태	촬영	멸시	조롱	기원

※ 상공회의소 한자시험 기출 한자들입니다.

① 漿胎(장태) 도자기를 빚어 만드는 재료가 되는 흙
    　　　　(漿 즙 장 胎 아이밸 태)
② 撮影(촬영) 모습을 사진 또는 영화로 찍음
    　　　　(撮 모을/사진찍을 촬 影 그림자 영)
③ 摩擦(마찰) 물건과 물건이 서로 맞대어서 비빔
    　　　　(摩 문지를 마 擦 문지를 찰)
④ 蔑視(멸시) 업신여김(蔑 업신여길 멸 視 볼 시)
⑤ 賠償(배상) 남에게 끼친 손해를 갚음(賠 물어줄 배 償 갚을 상)
⑥ 支撑(지탱) 쓰러지지 않도록 받치거나 버팀
    　　　　(支 지탱할 지 撑 버틸 탱)
⑦ 嘲弄(조롱) 비웃거나 깔보면서 놀림
    　　　　(嘲 비웃을 조 弄 희롱할 롱(농))
⑧ 箴言(잠언) 가르쳐서 훈계가 되는 말(箴 경계 잠 言 말씀 언)
⑨ 毅然(의연) 의지가 강한 모양(毅 굳셀 의 然 그럴/불탈 연)
⑩ 冀願(기원) 희망(冀 바랄 기 願 원할 원)
⑪ 結縛(결박) 자유롭지 못하도록 팔과 다리를 묶음
    　　　　(結 맺을 결 縛 얽을 박)
⑫ 遺憾(유감) 마음에 남는 섭섭함
    　　　　(遺 남길/끼칠 유 憾 섭섭할 감/근심할 담)
⑬ 賭博(도박) 불확실한 것에 요행을 바라고 돈을 걺
    　　　　(賭 내기 도 博 넓을 박)
⑭ 防禦(방어) 상대편의 공격을 막음
    　　　　(防 막을 방 禦 막을 어)
⑮ 證憑(증빙) 사실이나 현상의 증거로 삼음 또는 그런 근거
    　　　　(證 증거 증 憑 기댈 빙)

1187	1188	1189	1190	1191
劑	雕	輯	餐	諜

1192	1193	1194	1195	1196
諦	樵	蕉	錐	錘

1197	1198	1199	1200	1201
緻	蕩	頹	辦	膨

1202	1203	1204	1205	1206
鮑	瓢	諷	謔	翰

1207	1208	1209	1210	1211
骸	諧	樺	澮	勳

1187	1188	1189	1190	1191
劑	雕	輯	餐	諜
약제 **제**	독수리 **조**	모을 **집**	밥 **찬** 물말이할 **손**	염탐할 **첩**

1192	1193	1194	1195	1196
諦	樵	蕉	錐	錘
살필 **체** 진리 **제**	나무할 **초**	파초 **초**	송곳 **추**	저울추 **추** 드리울 **수**

1197	1198	1199	1200	1201
緻	蕩	頹	辦	膨
빽빽할 **치**	방탕할 **탕**	무너질 **퇴**	힘들일 **판**	불을 **팽**

1202	1203	1204	1205	1206
鮑	瓢	諷	謔	翰
절인물고기 **포**	바가지 **표**	풍자할 **풍**	희롱할 **학**	편지 **한** 줄기 **간**

1207	1208	1209	1210	1211
骸	諧	樺	澮	勳
뼈 **해**	화할 **해**	벚나무 **화** 자작나무 **화**	봇도랑 **회**	공 **훈**

1212	1213	1214	1215	
諱	憙	義	熹	총17획

1216	1217	1218	1219	1220
癘	艱	薑	鍵	檄

1221	1222	1223	1224	1225
谿	顆	購	鞠	膿

1226	1227	1228	1229	1230
鍛	膽	戴	鍍	濤

1231	1232	1233	1234	1235
蹈	瞳	膾	螺	斂

1212	1213	1214	1215	
諱	憙	羲	熹	총**17**획
숨길 **휘** 꺼릴 **휘**	기뻐할 **희**	복희 **희**	빛날 **희**	

1216	1217	1218	1219	1220
癎	艱	薑	鍵	檄
간질 **간**	어려울 **간**	생강 **강**	열쇠 **건** 자물쇠 **건**	격문 **격**

1221	1222	1223	1224	1225
谿	顆	購	鞠	膿
시냇물 **계**	낟알 **과**	살 **구**	성 **국** 궁궁이 **궁**	고름 **농**

1226	1227	1228	1229	1230
鍛	膽	戴	鍍	濤
쇠불릴 **단**	쓸개 **담**	일 **대**	도금할 **도**	물결 **도**

1231	1232	1233	1234	1235
蹈	瞳	謄	螺	斂
밟을 **도** 슬퍼할 **신**	눈동자 **동**	베낄 **등**	소라 **라(나)**	거둘 **렴(염)**

1236 殮	1237 僵	1238 療	1239 邁	1240 懋
1241 彌	1242 薇	1243 磻	1244 餅	1245 縫
1246 糞	1247 臂	1248 嬪	1249 濱	1250 嶼
1251 薜	1252 燮	1253 蕭	1254 燧	1255 穗
1256 薪	1257 嶽	1258 癌	1259 襄	1260 鍮

1236	1237	1238	1239	1240
殮	傀	療	邁	懋
염할 렴(염)	꼭두각시 뢰(뇌)	병고칠 료(요) 병 삭	갈 매	힘쓸 무 성대할 무

1241	1242	1243	1244	1245
彌	薇	磻	餠	縫
미륵 미 두루 미	장미 미	물이름 반 물이름 번	떡 병	꿰맬 봉

1246	1247	1248	1249	1250
糞	臂	嬪	濱	嶼
똥 분	팔 비	궁녀벼슬이름 빈	물가 빈	섬 서

1251	1252	1253	1254	1255
薛	燮	蕭	燧	穗
성 설	불꽃 섭	쓸쓸할 소 맑은대쑥 소	부싯돌 수	이삭 수

1256	1257	1258	1259	1260
薪	嶽	癌	襄	鍮
섶 신	큰산 악	암 암	도울 양	놋쇠 유

1261 濡	1262 臏	1263 擬	1264 薔	1265 齋
1266 氈	1267 簇	1268 鍾	1269 澮	1270 駿
1271 甄	1272 燦	1273 擦	1274 礁	1275 趨
1276 黜	1277 稱	1278 鍼	1279 擢	1280 霞
1281 轄	1282 壕	1283 濠	1284 闊	1285 檜

1261	1262	1263	1264	1265
濡	膺	擬	薔	齋
적실 유	가슴 응	비길 의	장미 장 여뀌 색	재계할 재 집 재 상복 자

1266	1267	1268	1269	1270
氈	簇	鍾	濬	駿
모전 전	가는대 족	쇠북 종	깊을 준	준마 준

1271	1272	1273	1274	1275
甑	燦	擦	礁	趨
시루 증	빛날 찬	문지를 찰	암초 초	달아날 추 재촉할 촉

1276	1277	1278	1279	1280
黜	穉	鍼	擢	霞
내칠 출	어릴 치	침 침	뽑을 탁	노을 하

1281	1282	1283	1284	1285
轄	壕	濠	闊	檜
다스릴 할	해자 호	호주 호	넓을 활	전나무 회

1286	1287	1288	총18획	1289
膾	徽	禧		鞨

1290	1291	1292	1293	1294
鵑	鎌	藁	壙	軀

1295	1296	1297	1298	1299
鞫	闕	櫃	觀	襟

1300	1301	1302	1303	1304
燾	瀆	藍	濾	壘

1305	1306	1307	1308	1309
謬	鰲	鯉	謨	璧

1286 膾 회 회	1287 徽 아름다울 휘	1288 禧 복 희	총18획	1289 鞨 오랑캐이름 갈
1290 鵑 두견새 견	1291 鎌 낫 겸	1292 藁 짚 고	1293 壙 뫼구덩이 광	1294 軀 몸 구
1295 鞫 국문할 국	1296 闕 대궐 궐	1297 櫃 궤짝 궤	1298 覲 뵐 근	1299 襟 옷깃 금
1300 燾 비칠 도	1301 瀆 도랑 독, 더럽힐 독	1302 藍 쪽 람(남), 볼 감	1303 濾 거를 려(여)	1304 壘 보루 루(누), 끌밋할 뢰(뇌)
1305 謬 그르칠 류(유)	1306 麳 다스릴 리(이), 보리 래(내)	1307 鯉 잉어 리(이)	1308 謨 꾀 모	1309 璧 구슬 벽

1310	1311	1312	1313	1314
癖	騈	馥	殯	瀉

1315	1316	1317	1318	1319
薩	穡	薯	曙	璿

1320	1321	1322	1323	1324
繕	蟬	潘	鵝	顎

1325	1326	1327	1328	1329
穢	甕	曜	擾	鎔

1330	1331	1332	1333	1334
魏	癒	鎰	藉	簪

1310	1311	1312	1313	1314
癖	騈	馥	殯	瀉
버릇 벽	나란히할 병 나란히할 변	향기 복 화살꽂히는소리벽	빈소 빈	쏟을 사

1315	1316	1317	1318	1319
薩	穡	薯	曙	璿
보살 살	거둘 색	감자 서	새벽 서	구슬 선

1320	1321	1322	1323	1324
繕	蟬	瀋	鵝	顎
기울 선	매미 선	즙낼 심 성 심	거위 아	턱 악 엄할 악

1325	1326	1327	1328	1329
穢	甕	曜	擾	鎔
더러울 예	독 옹	빛날 요	시끄러울 요	쇠녹일 용

1330	1331	1332	1333	1334
魏	癒	鎰	藉	簪
성 위 빼어날 외	병나을 유	무게이름 일	깔 자 짓밟을 적	비녀 잠

① 島嶼( ) ② 特輯( ) ③ 肩臂( )

④ 鍮器( ) ⑤ 推戴( ) ⑥ 購買( )

⑦ 治療( ) ⑧ 抗癌( ) ⑨ 衰頹( )

⑩ 諷刺( ) ⑪ 汚穢( ) ⑫ 高謨( )

⑬ 雲霞( ) ⑭ 冒瀆( ) ⑮ 潔癖( )

답을 골라 볼까...

구매	쇠퇴	고모	결벽	운하
견비	추대	항암	오예	모독
도서	특집	유기	치료	풍자

① 島嶼(도서) 크고 작은 온갖 섬(島 섬 도 嶼 섬 서)

② 特輯(특집) 신문 또는 잡지 등에서 특정한 사건을 중심으로 편집함(特 특별할 특 輯 모을 집)

③ 肩臂(견비) 어깨와 팔(肩 어깨 견 臂 팔 비)

④ 鍮器(유기) 놋그릇(鍮 놋쇠 유 器 그릇 기)

⑤ 推戴(추대) 어떤 사람을 높은 직위로 오르게 하여 받듦
　　　　　　(推 밀 추/밀 퇴 戴 일 대)

⑥ 購買(구매) 물건을 삼(購 살 구 買 살 매)

⑦ 治療(치료) 병이나 상처를 다스려서 낫게 함
　　　　　　(治 다스릴 치 療 병고칠 료(요)/병 삭)

⑧ 抗癌(항암) 암세포를 죽이거나 증식을 억제함
　　　　　　(抗 겨룰 항 癌 암 암)

⑨ 衰頹(쇠퇴) 쇠하여 퇴폐함(衰 쇠할 쇠 頹 무너질/턱 퇴)

⑩ 諷刺(풍자) 빗대어 재치 있게 비판함(諷 풍자할 풍 刺 찌를 자)

⑪ 汚穢(오예) 더럽고 지저분함(汚 더러울 오 穢 더러울 예)

⑫ 高謨(고모) 아주 뛰어난 계획이나 방법
　　　　　　(高 높을 고 謨 꾀 모)

⑬ 雲霞(운하) 구름과 안개(雲 구름 운 霞 노을 하)

⑭ 冒瀆(모독) 명예나 위신을 깎아내려 욕되게 함
　　　　　　(冒 무릅쓸 모 瀆 도랑/더럽힐 독)

⑮ 潔癖(결벽) 깨끗함을 유난하게 좋아하는 성벽
　　　　　　(潔 깨끗할 결 癖 버릇 벽)

1335 醬	1336 儲	1337 謫	1338 蹟	1339 臍
1340 竄	1341 擲	1342 瞻	1343 叢	1344 鞭
1345 瀑	1346 爀	1347 鎬	1348 燻	1349 薰
총19획	1350 疆	1351 羹	1352 繭	1353 鯨
1354 瓊	1355 曠	1356 轎	1357 麴	1358 麒

1335	1336	1337	1338	1339
醬	儲	謫	蹟	臍
장 장	쌓을 저	귀양갈 적	자취 적	배꼽 제

1340	1341	1342	1343	1344
竄	擲	瞻	叢	鞭
숨을 찬	던질 척	볼 첨	떨기 총 모일 총	채찍 편

1345	1346	1347	1348	1349
瀑	爀	鎬	燻	薰
폭포 폭 소나기 포	불빛 혁	호경 호	연기낄 훈	향풀 훈

	1350	1351	1352	1353
총19획	疆	羹	繭	鯨
	지경 강	국 갱	고치 견	고래 경

1354	1355	1356	1357	1358
瓊	曠	轎	麴	麒
구슬 경	빌 광	가마 교	누룩 국	기린 기

1359	1360	1361	1362	1363
譚	禱	牘	藤	懶

1364	1365	1366	1367	1368
臘	廬	藜	瀝	簾

1369	1370	1371	1372	1373
櫓	麓	瀬	攀	醱

1374	1375	1376	1377	1378
藩	鵬	璽	蟾	簫

1379	1380	1381	1382	1383
藪	繡	繩	孼	繹

1359	1360	1361	1362	1363
譚	禱	牘	藤	懶
클 담 말씀 담	빌 도	서찰 독	등나무 등	게으를 라(나)

1364	1365	1366	1367	1368
臘	廬	藜	瀝	簾
섣달 랍(납) 납향 랍(납)	농막집 려(여) 창자루 로(노)	명아주 려(여)	스밀 력(역)	발 렴(염)

1369	1370	1371	1372	1373
櫓	麓	瀨	攀	醱
방패 로(노)	산기슭 록(녹)	여울 뢰(뇌)	더위잡을 반	술괼 발

1374	1375	1376	1377	1378
藩	鵬	璽	蟾	簫
울타리 번	새 붕	옥새 새	두꺼비 섬	퉁소 소

1379	1380	1381	1382	1383
藪	繡	繩	孼	繹
늪 수	수놓을 수	노끈 승	서자 얼	풀 역

1384	1385	1386	1387	1388
艶	瀛	穩	鏞	蟻

1389	1390	1391	1392	1393
鵲	顚	鏃	疇	櫛

1394	1395	1396	1397	1398
轍	簽	醮	寵	蹴

1399	1400	1401	1402	1403
癡	瓣	霸	曝	蟹

1404		1405	1406	1407
繪	총20획	藿	瀾	礪

1384 艶 고울 염	1385 瀛 바다 영	1386 穩 편안할 온	1387 鏞 쇠북 용	1388 蟻 개미 의
1389 鵲 까치 작	1390 顚 엎드러질 전 이마 전	1391 鏃 살촉 족 화살촉 촉	1392 疇 이랑 주	1393 櫛 빗 즐
1394 轍 바퀴자국 철	1395 簽 농 첨	1396 醮 제사지낼 초	1397 寵 사랑할 총 현이름 룡	1398 蹴 찰 축
1399 癡 어리석을 치	1400 瓣 외씨 판	1401 霸 으뜸 패	1402 曝 쪼일 폭 쪼일 포	1403 蟹 게 해
1404 繪 그림 회	총20획	1405 藿 콩잎 곽	1406 瀾 물결 란(난)	1407 礪 숫돌 려(여)

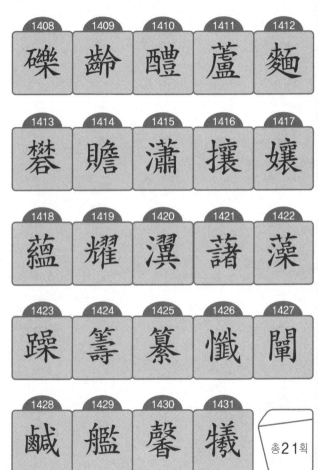

1408 礫	1409 齡	1410 醴	1411 蘆	1412 麵
1413 礬	1414 贍	1415 瀟	1416 攘	1417 孃
1418 蘊	1419 耀	1420 瀷	1421 藷	1422 藻
1423 躁	1424 籌	1425 纂	1426 懺	1427 闡
1428 鹹	1429 艦	1430 馨	1431 犧	총 21획

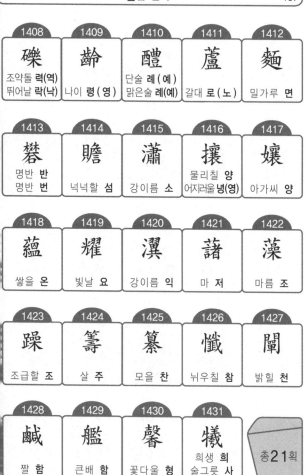

1408	1409	1410	1411	1412
礫	齡	醴	蘆	麵
조약돌 력(역) 뛰어날 락(낙)	나이 령(영)	단술 례(예) 맑은술 례(예)	갈대 로(노)	밀가루 면

1413	1414	1415	1416	1417
礬	贍	瀟	攘	孃
명반 반 명반 번	넉넉할 섬	강이름 소	물리칠 양 어지러울 녕(영)	아가씨 양

1418	1419	1420	1421	1422
蘊	耀	瀷	藷	藻
쌓을 온	빛날 요	강이름 익	마 저	마름 조

1423	1424	1425	1426	1427
躁	籌	纂	懺	闡
조급할 조	살 주	모을 찬	뉘우칠 참	밝힐 천

1428	1429	1430	1431	
鹹	艦	馨	犧	총 21획
짤 함	큰배 함	꽃다울 형	희생 희 술그릇 사	

1432	1433	1434	1435	1436
灌	饑	儺	癩	爛

1437	1438	1439	1440	1441
蠟	儷	魔	闢	麝

1442	1443	1444	1445	1446
鶯	櫻	瓔	巍	饒

1447	1448	1449	1450	1451
贓	纏	饌	鐸	瀅

	1452	1453	1454	1455
총22획	龕	驕	鷗	囊

1432	1433	1434	1435	1436
灌	饑	儺	癩	爛
물 댈 관	주릴 기	푸닥거리 나	문둥이 라(나)	빛날 란(난) 문드러질 란(난)

1437	1438	1439	1440	1441
蠟	儷	魔	闢	麝
밀 랍(납)	짝 려(여)	마귀 마	열 벽	사향노루 사

1442	1443	1444	1445	1446
鶯	櫻	瓔	巍	饒
꾀꼬리 앵	앵두 앵	옥돌 영	높고클 외	넉넉할 요

1447	1448	1449	1450	1451
贓	纏	饌	鐸	瀅
장물 장	얽을 전	반찬 찬	방울 탁	물이름 형

총22획	1452	1453	1454	1455
	龕	驕	鷗	囊
	감실 감	교만할 교	갈매기 구	주머니 낭

1456	1457	1458	1459	1460
聾	籠	彎	癬	贖

1461	1462	1463	1464	1465
鬚	儼	鰲	饔	懿

1466	1467	1468	1469	1470
欌	霽	疊	灘	饕

	1471	1472	1473	1474
총23획	攪	蘿	攣	鷺

1475	1476	1477	1478	1479
麟	鱗	纖	髓	讐

1456	1457	1458	1459	1460
聾	籠	彎	癬	贖
귀먹을 롱(농)	대바구니 롱(농)	굽을 만	옴 선	속죄할 속

1461	1462	1463	1464	1465
鬚	儼	鰲	饔	懿
수염 수 모름지기 수	엄연할 엄	자라 오	아침밥 옹	아름다울 의

1466	1467	1468	1469	1470
欌	霽	疊	灘	饗
장롱 장	비갤 제	거듭 첩	여울 탄	잔치할 향

총23획	1471	1472	1473	1474
	攪	蘿	攣	鷺
	어지러울 교	쑥 라(나)	걸릴 련(연) 경련할 련(연)	해오라기 로(노) 백로 로(노)

1475	1476	1477	1478	1479
麟	鱗	纖	髓	讐
기린 린(인)	비늘 린(인)	가늘 섬	뼛골 수	원수 수

① 敎鞭(   ) ② 瀑布(   ) ③ 蹴球(   )

④ 贍富(   ) ⑤ 短麓(   ) ⑥ 瀛海(   )

⑦ 馨氣(   ) ⑧ 捕鯨(   ) ⑨ 藻鑑(   )

⑩ 制霸(   ) ⑪ 波瀾(   ) ⑫ 繭紙(   )

⑬ 艶情(   ) ⑭ 瓊液(   ) ⑮ 犧牲(   )

답을 골라 볼까...

제패	포경	영해	형기	조감
희생	염정	파란	견지	경액
단록	축구	교편	폭포	섬부

※ 상공회의소 한자시험 기출 한자들입니다.

① 敎鞭(교편) 교사가 강의를 할 때 필요한 사항을 가리키기 위해
　　　　　　사용하는 막대기 또는 교직(敎 가르칠 교 鞭 채찍 편)

② 瀑布(폭포) 절벽에서 흘러 쏟아지는 물줄기
　　　　　　(瀑 폭포 폭/소나기 포 布 베/펼 포)

③ 蹴球(축구) 공을 발로 차서 상대편의 골 속에 넣는 경기
　　　　　　(蹴 찰 축 球 공 구)

④ 贍富(섬부) 재산이 넉넉하고 풍족함(贍 넉넉할 섬 富 부유할 부)

⑤ 短麓(단록) 짧은 산기슭(短 짧을 단 麓 산기슭 록(녹))

⑥ 瀛海(영해) 큰 바다(瀛 바다 영 海 바다 해)

⑦ 馨氣(형기) 향기(馨 꽃다울 형 氣 기운 기/보낼 희)

⑧ 捕鯨(포경) 고래잡이(捕 잡을 포 鯨 고래 경)

⑨ 藻鑑(조감) 사람을 겉만 보고도 그 인격을 알아보는 식견
　　　　　　(藻 마름 조 鑑 거울 감)

⑩ 制霸(제패) 패권을 잡음(制 절제할 제 霸 으뜸/두목 패)

⑪ 波瀾(파란) 순탄하지 아니하고 계속되는 어려움이나 시련
　　　　　　(波 물결 파 瀾 물결 란(난))

⑫ 繭紙(견지) 고려 시대에 닥나무를 원료로 만들었던 종이
　　　　　　(繭 고치 견 紙 종이 지)

⑬ 艶情(염정) 이성을 그리워하고 사모하는 마음
　　　　　　(艶 고울 염 情 뜻 정)

⑭ 瓊液(경액) 신비로운 약물. 좋은 술(瓊 구슬 경 液 진 액)

⑮ 犧牲(희생) 사람이나 단체 등을 위해 자기 몸을 돌보지 않고 자신
　　　　　　의 것을 받치거나 버림
　　　　　　(犧 희생 희/술그릇 사 牲 희생 생)

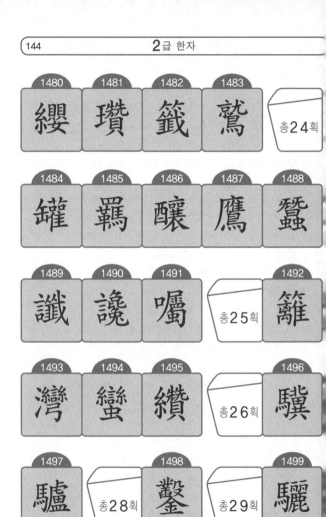

1480 纓	1481 瓚	1482 籤	1483 鷲
1484 罐	1485 羈	1486 釀	1487 鷹
1488 蠶	1489 讖	1490 讒	1491 囑
1492 籬	1493 灣	1494 蠻	1495 纘
1496 驥	1497 驢	1498 鑿	1499 驪

총24획
총25획
총26획
총28획
총29획

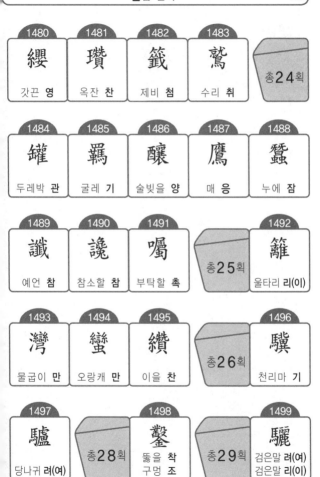

| 1480 纓 갓끈 영 | 1481 瓚 옥잔 찬 | 1482 籤 제비 첨 | 1483 鷲 수리 취 | 총24획 |

| 1484 罐 두레박 관 | 1485 羈 굴레 기 | 1486 釀 술빚을 양 | 1487 鷹 매 응 | 1488 蠶 누에 잠 |

| 1489 讖 예언 참 | 1490 讒 참소할 참 | 1491 囑 부탁할 촉 | 총25획 | 1492 籬 울타리 리(이) |

| 1493 灣 물굽이 만 | 1494 蠻 오랑캐 만 | 1495 纘 이을 찬 | 총26획 | 1496 驥 천리마 기 |

| 1497 驢 당나귀 려(여) | 총28획 | 1498 鑿 뚫을 착 구멍 조 | 총29획 | 1499 驪 검은말 려(여) 검은말 리(이) |

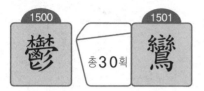

1500
鬱
답답할 **울**

총**30**획

1501
鸞
난새 **란(난)**

문제 11 다음 한자 단어의 음을 보기에서 골라 적어 보자.

① 委囑(　　) ② 疏籬(　　) ③ 羈寓(　　)

④ 蠶食(　　) ⑤ 灣入(　　) ⑥ 憂鬱(　　)

답을 골라 볼까...

위촉　　　기우　　　만입

잠식　　　우울　　　소리

① **委囑(위촉)** 다른 사람에게 어떤 일을 부탁하여 맡김
(**委** 맡길 위 **囑** 부탁할 촉)

② **疏籬(소리)** 엉성한 울타리
(**疏** 소통할 소 **籬** 울타리 리(이))

③ **羈寓(기우)** 타향살이(**羈** 굴레/나그네 기 **寓** 부칠 우)

④ **蠶食(잠식)** 누에가 뽕잎을 먹듯이 점차 조금씩 침략하여 먹어
들어감(**蠶** 누에 잠 **食** 밥/먹을 식)

⑤ **灣入(만입)** 강이나 바다의 물이 활등처럼 육지로 휘어듦
(**灣** 물굽이 만 **入** 들 입)

⑥ **憂鬱(우울)** 근심스럽거나 답답하여 활기가 없음
(**憂** 근심 우 **鬱** 답답할 울)

읽어보는 2급 사자성어

叩盆之痛 (고분지통) 술그릇을 두드리는 아픔. 상처한 슬픔
　　　　　　(叩 두드릴 고 盆 동이 분 之 갈 지 痛 아플 통)

去頭截尾 (거두절미) 머리와 꼬리를 잘라버림. 앞뒤 빼고 요점만 말함
　　　　　　(去 갈 거 頭 머리 두 截 끊을 절 尾 꼬리 미)

磨斧爲鍼 (마부위침) 도끼를 갈아 바늘을 만듦. 아무리 힘든 일도
　　　　　　노력하면 성공할 수 있음
　　　　　　(磨 갈 마 斧 도끼 부 爲 하/할 위 鍼 침 침)

變法自彊 (변법자강) 법령을 개정하여 국력을 강하게 함
　　　　　　(變 변할 변 法 법 법 自 스스로 자 彊 지경 강)

不俱戴天 (불구대천) 하늘 아래 함께 살 수 없는 원수. 원한이 깊이
　　　　　　사무친 원수
　　　　　　(不 아닐 불 俱 함께 구 戴 일 대 天 하늘 천)

松茂栢悅 (송무백열) 소나무가 무성하면 잣나무가 기뻐함. 벗이 잘
　　　　　　되는 것을 기뻐함
　　　　　　(松 소나무 송 茂 무성할 무 栢 측백 백 悅 기쁠 열)

衣架飯囊 (의가반낭) 옷걸이와 밥주머니. 아무 쓸모 없는 사람
　　　　　　(衣 옷 의 架 시렁 가 飯 밥 반 囊 주머니 낭)

自業自縛 (자업자박) 자기가 저지른 일의 결과를 자기가 받음
　　　　　　(自 스스로 자 業 업 업 自 스스로 자 縛 얽을 박)

積塵成山 (적진성산) 티끌이 모여 산이 됨
　　　　　　(積 쌓을 적 塵 티끌 진 成 이룰 성 山 뫼 산)

吐盡肝膽 (토진간담) 간과 쓸개를 다 토함. 숨김없이 모두 털어 놓고
　　　　　　말함
　　　　　　(吐 토할 토 盡 다할 진 肝 간 간 膽 쓸개 담)

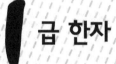

1 급 한자

1607자!!

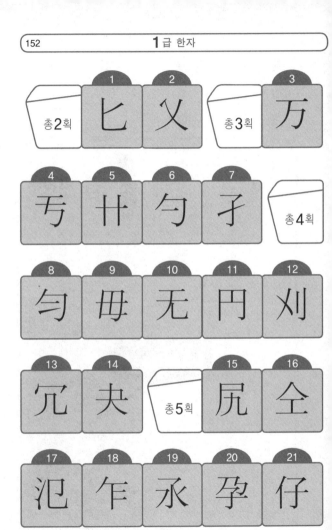

	1 匕 비수 비	2 乂 벨 예 징계할 애		3 万 일만 만
총2획			총3획	

| 4 亏
어조사 우
땅이름 울 | 5 卄
스물 입 | 6 勺
구기 작 | 7 孑
외로울 혈 | 총4획 |

| 8 匀
고를 균
두루미칠 윤 | 9 毋
말 무
관직이름 모 | 10 无
없을 무 | 11 円
화폐단위 엔
둥글 원 | 12 刈
벨 예 |

| 13 冗
쓸데없을 용 | 14 夬
터놓을 쾌
쾌괘 쾌 | 15 총5획 | 15 尻
꽁무니 고 | 16 仝
한가지 동 |

| 17 氾
넘칠 범
땅이름 범 | 18 乍
잠깐 사
일어날 작 | 19 丞
받들 승
이을 승 | 20 孕
아이밸 잉 | 21 仔
자세할 자 |

22	23	24		25
仟	叭	疋	총6획	圿
일천 천 밭두둑 천	입 벌릴 팔	필 필 발 소		땅이름 갈

26	27	28	29	30
价	机	伋	亘	肌
클 개	책상 궤	생각할 급 속일 급	뻗칠 긍 베풀 선	살 기

31	32	33	34	35
乭	邙	糸	刎	缶
이름 돌	산이름 망	가는실 멱 실 사	목 벨 문	장군 부 두레박 관

36	37	38	39	40
牝	汕	忲	夙	扜
암컷 빈	오구 산	익힐 세 사치할 태	이를 숙	당길 우

41	42	43	44	45
聿	吊	玎	阡	舛
붓 율	이를 적 조상할 조	옥소리 정 옥소리 쟁	두렁 천	어그러질 천

46 艸	47 忖	48 朶	49 伉	50 兇
51 吃	총**7**획	52 玗	53 杠	54 坎
55 抉	56 冏	57 囧	58 汨	59 玖
60 芎	61 紇	62 妗	63 圻	64 玘
65 坍	66 昊	67 彤	68 阧	69 伶

46 艸 풀 초	47 忖 헤아릴 촌	48 朶 늘어질 타	49 伉 짝 항	50 兇 흉악할 흉
51 吃 말더듬을 흘	총7획	52 玕 옥돌 간	53 杠 다리 강 땅이름 공	54 坎 구덩이 감
55 抉 도려낼 결	56 冏 밝을 경 빛날 경	57 囧 빛날 경 밝을 경	58 汨 골몰할 골 물이름 멱	59 玖 옥돌 구 아홉 구
60 芎 궁궁이 궁	61 糾 꼴 규 모을 규	62 姈 외숙모 금	63 圻 서울지경 기 지경 은	64 玘 패옥 기
65 坍 무너질 담 무너질 단	66 昊 햇빛 대 클 영	67 彤 붉을 동	68 阧 가파를 두 치솟을 두	69 伶 영리할 령(영)

70	71	72	73	74
吝	汤	尨	机	扮

75	76	77	78	79
吩	邧	伺	些	卲

80	81	82	83	84
豖	沁	扺	妤	沇

85	86	87	88	89
汭	妧	岏	甬	玗

90	91	92	93	94
旴	芌	沄	会	沅

70	71	72	73	74
吝	�	尨	杋	扮
아낄 린(인)	아득할 물 아득할 매	삽살개 방 어지러울 봉	나무이름 범 뗏목 범	꾸밀 분

75	76	77	78	79
吩	邠	伺	些	卲
분부할 분 뿜을 분	나라이름 빈 빛날 빈	엿볼 사	적을 사	높을 소

80	81	82	83	84
豕	沁	扼	妤	沇
돼지 시	스며들 심	잡을 액	궁녀벼슬이름 여 여관 여	강이름 연 흐를 유

85	86	87	88	89
汭	妧	岏	甬	玗
물굽이 예 한 해 돈	예쁠 완 좋을 완	산뾰족할 완 가파를 완	길 용	옥돌 우

90	91	92	93	94
旰	芋	沄	会	沅
클 우	토란 우 클 후	돌아흐를 운	높을 운	강이름 원

95 攸	96 阮	97 听	98 杝	99 佚
100 妊	101 孜	102 佇	103 佂	104 姘
105 沚	106 厎	107 圳	108 邨	109 沛
110 吠	111 佈	112 佀	113 呀	114 罕
115 邢	116 夈	117 吼	118 忻	총**8**획

95 攸 바 유	96 阭 높을 윤	97 听 웃을 은 입벌린모양 이	98 杝 나무이름 이 쪼갤 치	99 佚 편안할 일 질탕할 질
100 妊 아이밸 임	101 孜 힘쓸 자	102 佇 우두커니설 저	103 侹 황급할 정	104 妌 계집엄전할 정
105 沚 물가 지	106 厎 숫돌 지 바칠 지	107 玔 옥고리 천	108 邨 마을 촌	109 沛 비쏟아질 패
110 吠 짖을 폐	111 佈 펼 포	112 佖 점잖을 필	113 呀 입딱벌릴 하 입딱벌릴 아	114 罕 드물 한
115 邢 성 형 땅이름 경	116 汞 수은 홍	117 吼 울부짖을 후	118 忻 기뻐할 흔	총8획

119 呵	120 侃	121 玠	122 垌	123 炅
124 屈	125 杲	126 呱	127 沽	128 刮
129 眈	130 佹	131 拐	132 肱	133 垢
134 咎	135 芹	136 昑	137 祁	138 佶
139 枏	140 秊	141 杻	142 杳	143 坮

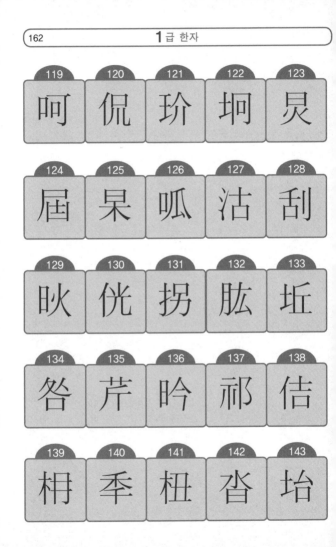

119	120	121	122	123
呵	侃	玠	坰	炅
꾸짖을 가 꾸짖을 하	굳셀 간	홀 개	들 경	빛날 경

124	125	126	127	128
屆	杲	呱	沽	刮
이를 계	밝을 고 밝을 호	울 고	팔 고	긁을 괄

129	130	131	132	133
昋	侊	拐	肱	坵
비칠 광	성찬 광	후릴 괴	팔뚝 굉	언덕 구

134	135	136	137	138
咎	芹	昑	祁	佶
허물 구 성 고	미나리 근	밝을 금	성할 기	헌걸찰 길

139	140	141	142	143
枏	秊	杻	畓	坮
녹나무 남	해 년	감탕나무 뉴(유) 수갑 추	합할 답 겹칠 답	대 대

① 匕首(　　) ② 孕胎(　　) ③ 牝鷄(　　)

④ 剔抉(　　) ⑤ 誘拐(　　) ⑥ 伺察(　　)

⑦ 佈告(　　) ⑧ 雜沓(　　) ⑨ 刈穫(　　)

⑩ 舛逆(　　) ⑪ 兇物(　　) ⑫ 汩沒(　　)

⑬ 假扮(　　) ⑭ 泫沄(　　) ⑮ 佇立(　　)

답을 골라 볼까...

잉태	포고	사찰	가분	골몰
빈계	잡답	유괴	현운	저립
비수	예확	척결	흉물	천역

※ 상공회의소 한자시험 기출 한자들입니다.

① 匕首(비수) 날카롭고 짧은 칼(匕 비수 비 首 머리 수)

② 孕胎(잉태) 아이를 뱀(孕 아이밸 잉 胎 아이밸 태)

③ 牝鷄(빈계) 암탉(牝 암컷 빈 鷄 닭 계)

④ 剔抉(척결) 살을 도려내고 뼈를 발라냄
　　　　　　(剔 뼈바를 척 抉 도려낼 결)

⑤ 誘拐(유괴) 사람을 속여 꾀어냄(誘 꾈 유 拐 후릴 괴)

⑥ 伺察(사찰) 엿보아 살핌(伺 엿볼 사 察 살필 찰)

⑦ 佈告(포고) 명령이나 법령 등을 널리 알림
　　　　　　(佈 펼 포 告 고할 고)

⑧ 雜沓(잡답) 매우 북적북적하고 복잡함(雜 섞일 잡 沓 합할 답)

⑨ 刈穫(예확) 각종 곡식을 베어 거두어 들임
　　　　　　(刈 벨 예 穫 거둘 확)

⑩ 舛逆(천역) 서로 뒤집혀 거슬리고 어긋남
　　　　　　(舛 어그러질 천 逆 거스릴 역)

⑪ 兇物(흉물) 모양이 흉하게 생긴 사람이나 동물
　　　　　　(兇 흉악할 흉 物 물건 물)

⑫ 汨沒(골몰) 한 가지 일에만 모든 정신을 쏟음
　　　　　　(汨 골몰할 골/물이름 멱 沒 빠질 몰)

⑬ 假扮(가분) 거짓으로 꾸며 분장함
　　　　　　(假 거짓 가/멀 하 扮 꾸밀 분)

⑭ 泫沄(현운) 물이 솟아 흘러 나오는 모양
　　　　　　(泫 이슬빛날 현 沄 돌아흐를 운)

⑮ 佇立(저립) 우두커니 섬(佇 우두커니설 저 立 설 립(입)/자리 위)

144 岱
145 科
146 苊
147 戾
148 挒

149 岑
150 怜
151 囹
152 姈
153 泠

154 录
155 侖
156 呡
157 姆
158 芼

159 妭
160 杳
161 拇
162 炆
163 泯

164 岷
165 玟
166 旻
167 忞
168 拌

144	145	146	147	148
岱	枓	芚	戾	冽
대산 대	두공 두 구기 주	싹나올 둔 어리석을 춘	어그러질 려(여) 돌릴 렬(열)	맑을 렬(열) 거셀 례(예)

149	150	151	152	153
岺	怜	囹	姈	泠
고개 령(영)	영리할 령(영) 불쌍히여길 련(연)	옥 령(영)	계집슬기로울 령	깨우칠 령

154	155	156	157	158
彔	侖	冺	姆	芼
나무새길 록	생각할 륜(윤) 둥글 륜(윤)	백성 맹	유모 모 유모 무	풀우거질 모

159	160	161	162	163
歾	杳	拇	炆	泯
죽을 몰 자를 문	아득할 묘	엄지손가락 무	따뜻할 문	망할 민 뒤섞일 면

164	165	166	167	168
岷	玟	旻	忞	拌
산이름 민	아름다운돌 민	하늘 민 가을하늘 민	힘쓸 민	버릴 반

169	170	171	172	173
昉	佰	宓	叏	咐

174	175	176	177	178
昐	彿	枇	玭	疘

179	180	181	182	183
汣	茇	牀	岫	峀

184	185	186	187	188
佻	呻	芯	妸	阿

189	190	191	192	193
軋	岩	狎	快	昂

169	170	171	172	173
昉	佰	宓	叀	坿
밝을 **방** 찾을 **방**	일백 **백**	성 **복** 잠잠할 **밀**	음역자 **불** 땅이름 **폴**	분부할 **부** 불 **부**

174	175	176	177	178
昐	彿	枇	玭	疝
햇빛 **분**	비슷할 **불**	비파나무 **비**	구슬이름 **빈**	산증 **산**

179	180	181	182	183
乷	芟	牀	峀	峀
음역자 **살**	벨 **삼**	평상 **상**	산굴 **수**	산굴 **수**

184	185	186	187	188
侁	呻	芯	妸	阿
걷는모양 **신**	읊조릴 **신**	골풀 **심**	아리따울 **아** 여자이름 **아**	언덕 **아** 호칭 **옥**

189	190	191	192	193
軋	岩	狎	怏	昂
삐걱거릴 **알**	바위 **암**	익숙할 **압** 익숙할 **합**	원망할 **앙**	밝을 **앙** 오를 **앙**

194	195	196	197	198
佯	奄	咏	宛	枉

199	200	201	202	203
拗	侑	玩	昀	茫

204	205	206	207	208
芴	姐	狙	佺	姃

209	210	211	212	213
娃	拄	侏	芷	捘

214	215	216	217	218
侄	侘	圬	沾	岩

194	195	196	197	198
佯	奄	咏	宛	枉
거짓 **양**	문득 **엄**	읊을 **영**	완연할 **완**	굽을 **왕**

199	200	201	202	203
拗	侑	玧	昀	茵
우길 **요** 누를 **욱**	권할 **유**	귀막이구슬 **윤** 붉은구슬 **문**	햇빛 **윤**	씨 **인**

204	205	206	207	208
芿	姐	狙	佺	姃
새풀싹 **잉**	누이 **저**	원숭이 **저** 엿볼 **저**	이름 **전**	단정할 **정**

209	210	211	212	213
姝	拄	侏	芷	抮
사람이름 **주**	버틸 **주**	난장이 **주**	어수리 **지**	되돌릴 **진**

214	215	216	217	218
侄	侘	坧	沾	岹
어리석을 **질**	낙망할 **차**	터 **척**	더할 **첨** 엿볼 **점**	높을 **초**

219 炊	220 拕	221 坼	222 帤	223 宕
224 邰	225 爬	226 杷	227 泙	228 咆
229 陂	230 哈	231 衁	232 呹	233 怰
234 泫	235 泂	236 岵	237 芦	238 泓
239 宖	240 看	241 昕	242 炘	총**9**획

219 炊 불땔 취	220 拖 끌 타	221 坼 터질 탁	222 帑 나라금고 탕 처자 노	223 宕 호탕할 탕
224 邰 나라이름 태	225 爬 긁을 파	226 杷 비파나무 파	227 泙 물소리 평 물결 셀 팽	228 咆 고함지를 포
229 陂 방죽 피 비탈 파	230 哈 비웃을 해	231 洫 고요할 혁	232 呟 소리 현	233 怰 판매할 현
234 泫 이슬빛날 현	235 泂 멀 형	236 岵 산 호	237 芦 지황 호 지황 하	238 泓 물깊을 홍
239 宖 집울릴 횡 클 홍	240 肴 안주 효	241 昕 새벽 흔	242 炘 화끈거릴 흔 기쁠 흔	총**9**획

243	244	245	246	247
珂	茄	枷	珏	柬

248	249	250	251	252
曷	胛	舡	疥	炬

253	254	255	256	257
迲	勁	俓	苣	洸

258	259	260	261	262
狡	姣	枸	柩	趄

263	264	265	266	267
畇	拮	姞	衲	奈

243	244	245	246	247
珂	茄	枷	珏	柬
백마노 **가**	연줄기 **가**	칼 **가**	쌍옥 **각**	가릴 **간**

248	249	250	251	252
曷	胛	舡	疥	炬
어찌 **갈**	어깨뼈 **갑**	배 **강**	옴 **개** 학질 **해**	홰 **거**

253	254	255	256	257
迲	勁	俓	苽	洸
갈 **겁**	굳셀 **경**	지름길 **경**	줄 **고**	성낼 **광** 깊을 **황**

258	259	260	261	262
狡	姣	枸	柩	赳
교활할 **교**	아름다울 **교**	구기자 **구**	널 **구**	헌걸찰 **규**

263	264	265	266	267
畇	拮	姞	衲	柰
밭일굴 **균**	일할 **길** 죄어칠 **갈**	성 **길**	기울 **납**	능금나무 **내** 어찌 **나**

268	269	270	271	272
恬	柅	象	垌	剏

273	274	275	276	277
剌	洌	吟	厘	俚

278	279	280	281	282
俐	茉	陌	眄	洺

283	284	285	286	287
袂	玅	昴	珉	敃

288	289	290	291	292
砏	盼	晒	昺	毗

268	269	270	271	272
恬	柅	象	垌	刺
편안할 념	무성할 니 무성할 이	판단할 단 돌 시	항아리 동 동막이 동	칠 라

273	274	275	276	277
剌	洌	昤	厘	俚
발랄할 랄(날) 어그러질 랄(날)	맑을 렬(열) 거셀 례(예)	햇빛 령	다스릴 리(이) 가게 전	속될 리(이)

278	279	280	281	282
俐	茉	陌	眄	洺
똑똑할 리(이)	말리 말	길 맥 일백 백	곁눈질할 면 곁눈질할 묜	강이름 명

283	284	285	286	287
袂	玅	昴	珉	啟
소매 예	묘할 묘	별이름 묘 별자리이름 묘	옥돌 민	강인할 민

288	289	290	291	292
砇	盼	昞	昺	毗
옥돌 민	눈예쁠 반	불꽃 병 밝을 병	불꽃 병 밝을 병	도울 비

① 旻天(　) ② 拖過(　) ③ 强勁(　)

④ 爬蟲(　) ⑤ 咆哮(　) ⑥ 老衲(　)

⑦ 阡陌(　) ⑧ 枓栱(　) ⑨ 保姆(　)

⑩ 咐囑(　) ⑪ 芟除(　) ⑫ 快宿(　)

⑬ 佯攻(　) ⑭ 拄杖(　) ⑮ 恬淡(　)

답을 골라 볼까...

앙숙	부촉	주장	민천	노납
삼제	염담	타과	포효	두공
양공	강경	파충	천맥	보모

※ 상공회의소 한자시험 기출 한자들입니다.

① 旻天(민천) 가을 하늘(旻 하늘/가을하늘 민 天 하늘 천)

② 拖過(타과) 기한을 끌어 나감(拖 끌 타 過 지날 과/재앙 화)

③ 强勁(강경) 굽힘이 없이 힘차고 굳셈(强 강할 강 勁 굳셀 경)

④ 爬蟲(파충) 파충강의 동물을 일상적으로 통틀어 일컬음
　　　　　　 (爬 긁을 파 蟲 벌레 충)

⑤ 咆哮(포효) 사납게 외침(咆 고함지를 포 哮 성낼/으르렁거릴 효)

⑥ 老衲(노납) 나이 많은 승려(老 늙을 노(로) 衲 기울 납)

⑦ 阡陌(천맥) 밭 사이의 길(阡 두렁 천 陌 길 맥)

⑧ 枓栱(두공) 큰 목조 건물의 기둥 위에 지붕을 받치며 차례로
　　　　　　 짜 올린 구조(枓 두공 두/구기 주 栱 두공 공)

⑨ 保姆(보모) 보육원이나 유치원 등의 아동 복지 시설에서 어린이를
　　　　　　 돌보아 주며 가르치는 여자
　　　　　　 (保 지킬 보 姆 유모 모/유모 무)

⑩ 咐囑(부촉) 부탁하여 맡김(咐 분부할/불 부 囑 부탁할 촉)

⑪ 芟除(삼제) 풀을 깎듯이 베어 없애 버림
　　　　　　 (芟 벨 삼 除 덜/버릴 제)

⑫ 怏宿(앙숙) 앙심을 품고 서로 미워하는 사이
　　　　　　 (怏 원망할 앙 宿 잘 숙)

⑬ 佯攻(양공) 거짓으로 공격함(佯 거짓 양 攻 칠 공)

⑭ 拄杖(주장) 짚고 의지하는 막대기
　　　　　　 (拄 버틸 주 杖 지팡이 장)

⑮ 恬淡(염담) 욕심이 없고 마음이 깨끗함
　　　　　　 (恬 편안할 념(염) 淡 맑을 담)

293 毖	294 秕	295 俟	296 栖	297 峠
298 洩	299 炤	300 柖	301 珆	302 徇
303 恂	304 屎	305 恃	306 拭	307 昜
308 姸	309 兗	310 苒	311 玼	312 俉
313 瓮	314 娃	315 俑	316 紆	317 洹

293	294	295	296	297
毖	秕	俟	栖	峠
삼갈 비	쭉정이 비 더럽힐 비	기다릴 사 성 기	수저 사 윷 사	고개 상

298	299	300	301	302
洩	炤	栢	珆	徇
샐 설 퍼질 예	밝을 소 비출 조	과녁 소 나무흔들릴소	아름다운옥 소	돌 순 주창할 순

303	304	305	306	307
恂	屎	恃	拭	昜
정성 순 엄할 준	똥 시 끙끙거릴 히	믿을 시 어머니 시	씻을 식	볕 양 쉬울 이

308	309	310	311	312
姸	兗	苒	珱	俉
고울 연	바를 연 땅이름 연	풀우거질 염	옥돌 예	맞이할 오

313	314	315	316	317
瓮	娃	俑	紆	洹
독 옹	예쁠 왜 예쁠 와	목우 용	굽을 우	세차게흐를 원

318	319	320	321	322
爰	洧	柚	臾	垠
이에 **원**	강이름 **유**	유자 **유** 바디 **축**	잠깐 **유** 권할 **용**	지경 **은**

323	324	325	326	327
姨	苡	斫	炸	畑
이모 **이**	질경이 **이**	벨 **작**	터질 **작**	화전 **전**

328	329	330	331	332
柾	炡	酊	穽	栺
나무바를 **정**	빛날 **정**	술취할 **정**	함정 **정**	종엽 **종**

333	334	335	336	337
炷	姝	茁	洔	咫
심지 **주**	예쁠 **주**	싹줄 싹틀 **촬** 싹 **절**	섬 **지**	여덟치 **지**

338	339	340	341	342
枳	昣	殄	迭	姹
탱자 **지** 탱자 **기**	밝을 **진**	다할 **진**	갈마들 **질** 범할 **일**	자랑할 **차** 자랑할 **타**

343	344	345	346	347
剃	苕	柴	咤	坨

348	349	350	351	352
柝	眈	枰	匍	珌

353	354	355	356	357
芘	昰	缸	姮	孩

358	359	360	361	362
垓	奕	眩	哄	奐

363	364	365	366	367
紈	恍	恢	徊	厔

343	344	345	346	347
剃	荅	柒	咤	坨
머리깎을 **체**	완두 **초**	옻 **칠**	꾸짖을 **타**	언덕 **타** 사람이름 **택**

348	349	350	351	352
柝	眈	枰	匍	珌
딱다기 **탁**	노려볼 **탐**	바둑판 **평**	길 **포**	칼집장식 **필**

353	354	355	356	357
苾	昰	缸	姮	孩
향기로울 **필**	여름 **하** 이 **시**	항아리 **항**	항아이름 **항**	어린아이 **해** 어릴 **해**

358	359	360	361	362
垓	奕	昡	哄	奐
지경 **해**	클 **혁**	햇빛 **현**	떠들썩할 **홍**	빛날 **환**

363	364	365	366	367
紈	恍	恢	徊	垕
흰비단 **환**	황홀할 **황**	넓을 **회**	머뭇거릴 **회**	두터울 **후**

368 洵	369 紆	370 恰	371 俙	총10획

372 痂	373 栞	374 倨	375 祛	376 桀

377 耿	378 倞	379 勍	380 涇	381 娃

382 羔	383 珙	384 蚣	385 恝	386 挑

387 胱	388 紘	389 桔	390 娜	391 胯

368 洶 용솟음칠 흉	369 絃 묶을 흘	370 恰 흡사할 흡	371 俙 비슷할 희 감동할 희	총 10획

372 痂 딱지 가	373 栞 표할 간	374 倨 거만할 거	375 祛 떨 거	376 桀 하왕이름 걸 홰 걸

377 耿 빛 경	378 倞 셀 경 멀 량	379 勍 셀 경	380 涇 통할 경	381 烓 화덕 계

382 羔 양새끼 고	383 珙 옥 공	384 蚣 지네 공	385 恝 근심없을 괄 근심없을 개	386 桄 광랑나무 광

387 胱 오줌통 광	388 紘 끈 굉	389 桔 도라지 길	390 娜 날씬할 나	391 胗 성길 나

392	393	394	395	396
挐	捏	爹	疽	炯

397	398	399	400	401
倆	泣	唎	狸	悧

402	403	404	405	406
浬	砬	忝	莽	茗

407	408	409	410	411
們	蚊	案	旁	舫

412	413	414	415	416
蛙	珛	粃	浜	栖

번호	한자	훈음
392	拏	붙잡을 **나**
393	捏	꾸밀 **날**
394	爹	아비 **다**
395	疸	황달 **달**
396	烔	뜨거운모양 **동**
397	倆	재주 **량(양)** 둘 **량(양)**
398	涖	다다를 **리** 임할 **리**
399	唎	가는소리 **리(이)**
400	狸	삵 **리(이)**
401	悧	영리할 **리(이)**
402	浬	해리 **리(이)**
403	砬	돌소리 **립(입)**
404	唜	끝 **말** 끝 **끗**
405	莽	우거질 **망**
406	茗	차싹 **명**
407	們	들 **문**
408	蚊	모기 **문**
409	紊	어지러울 **문** 문란할 **문**
410	旁	곁 **방** 달릴 **팽**
411	舫	방주 **방**
412	蚌	방합 **방**
413	珤	보배 **보**
414	粃	쭉정이 **비** 더럽힐 **비**
415	浜	물가 **빈** 선거 **병**
416	栖	깃들일 **서**

417 秳	418 珫	419 剡	420 宬	421 娍
422 湅	423 悚	424 釗	425 茱	426 枸
427 珣	428 豺	429 枤	430 宸	431 羔
432 圄	433 俺	434 茹	435 挺	436 娗
437 涓	438 娟	439 涎	440 倪	441 浯

417	418	419	420	421
秳	珗	剡	宬	娍
섬(단위) 석	옥돌 선	땅이름 섬 날카로울 염	서고 성	아름다울 성

422	423	424	425	426
涑	悚	釗	茱	栒
헹굴 속	두려울 송	쇠 쇠 볼 소	수유 수	가름대나무 순

427	428	429	430	431
珣	豺	栻	宸	恙
옥이름 순	승냥이 시	점판 식	궐 신	병 양 근심할 양

432	433	434	435	436
圄	俺	茹	挻	姃
옥 어	클 엄 나 암	먹을 여	늘일 연 끌 연 이길 선	빛날 연

437	438	439	440	441
涓	娟	涎	倪	浯
시내 연 우는모양 현	예쁠 연	침 연	어린이 예	강이름 오

다음 한자 단어의 음을 보기에서 골라 적어 보자.

① 秕政(   ) ② 漏洩(   ) ③ 姸醜(   )

④ 爰書(   ) ⑤ 姨從(   ) ⑥ 陷穽(   )

⑦ 炸藥(   ) ⑧ 警柝(   ) ⑨ 孩提(   )

⑩ 恢復(   ) ⑪ 恰似(   ) ⑫ 驕倨(   )

⑬ 蚌珠(   ) ⑭ 悚懼(   ) ⑮ 微羔(   )

답을 골라 볼까...

미양	누설	함정	원서	방주
흡사	이종	해제	비정	회복
교거	작약	경탁	연추	송구

※ 상공회의소 한자시험 기출 한자들입니다.

① 秕政(비정) 나라를 잘못되게 하는 나쁜 정치
        (秕 쭉정이/더럽힐 비 政 정사/칠 정)

② 漏洩(누설) 기체나 액체 또는 비밀 사건이 밖으로 새어 나감
        (漏 샐 누(루) 洩 샐 설/퍼질 예)

③ 姸醜(연추) 생김새의 아름다움과 추함(姸 고울 연 醜 추할 추)

④ 爰書(원서) 죄인의 진술을 적은 서류(爰 이에 원 書 글 서)

⑤ 姨從(이종) 이모의 자녀를 일컬음(姨 이모 이 從 좇을 종)

⑥ 陷穽(함정) 짐승을 잡기 위하여 파놓은 구덩이
        (陷 빠질 함 穽 함정 정)

⑦ 炸藥(작약) 목적물에 발사하여 폭발시키는 작용을 하는 화약
        (炸 터질 작 藥 약 약/간맞출 략(약))

⑧ 警柝(경탁) 경계하기 위하여 치는 방망이
        (警 깨우칠/경계할 경 柝 딱다기 탁)

⑨ 孩提(해제) 어린아이(孩 어린아이/어릴 해 提 끌 제/떼지어날 시)

⑩ 恢復(회복) 몸이 나빠진 상태에서 다시 좋은 상태로 되돌리는 것
        (恢 넓을 회 復 회복할 복/다시 부)

⑪ 恰似(흡사) 거의 같을 정도로 비슷한 모양
        (恰 흡사할 흡 似 닮을 사)

⑫ 驕倨(교거) 교만하고 거만함(驕 교만할 교 倨 거만할 거)

⑬ 蚌珠(방주) 진주조개나 전복 등의 조개껍데기나 살 속에 생기는
        딱딱한 덩어리(蚌 방합 방 珠 구슬 주)

⑭ 悚懼(송구) 두려워서 마음이 몹시 거북함
        (悚 두려울 송 懼 두려워할 구)

⑮ 微恙(미양) 가벼운 병(微 작을 미 恙 병/근심할 양)

442 邑	443 垸	444 窈	445 埇	446 涌
447 或	448 栯	449 釉	450 珢	451 羮
452 茵	453 蚓	454 恬	455 茨	456 疵
457 奘	458 荃	459 悛	460 涏	461 蚤
462 凋	463 晃	464 酊	465 隼	466 烝

442	443	444	445	446
邕	垸	窈	埔	涌
막힐 **옹**	바를 **완** 바를 **환**	고요할 **요**	길돋울 **용**	물솟을 **용**

447	448	449	450	451
彧	楢	釉	珢	薺
문채 **욱**	산앵두 **욱** 나무이름 **유**	벼와 기장무성할 **유**	옥돌 **은**	벨 **이** 띠싹 **제**

452	453	454	455	456
茵	蚓	恁	茦	疵
자리 **인**	지렁이 **인**	생각할 **임**	가시나무 **자**	허물 **자**

457	458	459	460	461
奘	荃	悛	涏	蚤
클 **장**	향초 **전** 통발 **전**	고칠 **전**	곧을 **정**	벼룩 **조**

462	463	464	465	466
凋	晁	酎	隼	烝
시들 **조**	아침 **조**	전국술 **주**	송골매 **준**	김오를 **증**

467	468	469	470	471
唇	昣	晋	衿	桎

472	473	474	475	476
朕	呰	凄	倜	剔

477	478	479	480	481
茜	涕	琉	脆	蚩

482	483	484	485	486
砧	倬	捌	狽	陡

487	488	489	490	491
俵	悍	桁	荇	倖

467	468	469	470	471
唇	畛	晋	衫	桎
놀랄 **진**	두둑 **진**	진나라 **진**	홑옷 **진**	차꼬 **질**

472	473	474	475	476
朕	砦	凄	個	剔
나 **짐**	진터 **채**	쓸쓸할 **처**	기개있을 **척**	바를 **척** 깎을 **체**

477	478	479	480	481
茜	涕	琉	脆	蚩
꼭두서니 **천**	눈물 **체**	귀고리옥 **충**	연할 **취**	어리석을 **치**

482	483	484	485	486
砧	倬	捌	狽	陛
다듬잇돌 **침**	클 **탁**	깨뜨릴 **팔**	이리 **패** 낭패할 **패**	대궐섬돌 **폐**

487	488	489	490	491
俵	悍	桁	荇	倖
나누어줄 **표**	사나울 **한**	차꼬 **항** 도리 **형**	노랑어리연꽃 **행**	요행 **행**

492	493	494	495	496
浹	珩	逈	祜	烘

497	498	499	500	501
訌	晄	茴	溚	哮

502	503	504	505	
逅	珝	烋	訖	총**11**획

506	507	508	509	510
塥	盖	据	絅	烔

511	512	513	514	515
逕	梏	斛	梱	皎

492 浹 두루미칠 **협**	493 珩 노리개 **형**	494 迥 멀 **형**	495 祜 복 **호**	496 烘 불땔 **홍**
497 訌 어지러울 **홍**	498 晄 밝을 **황**	499 茴 회향풀 **회**	500 涍 성 **효**	501 哮 성낼 **효**
502 逅 만날 **후**	503 珝 옥이름 **후**	504 烋 아름다울 **휴** 거들먹거릴 **효**	505 訖 이를 **흘** 마칠 **글**	총 **11**획
506 堈 언덕 **강**	507 盍 덮을 **개** 어찌아니할 **합**	508 据 일할 **거**	509 絅 끌어 질 **경**	510 烱 빛날 **경** 빛날 **형**
511 逕 좁은길 **경**	512 梏 수갑 **곡**	513 斛 휘 **곡**	514 梱 문지방 **곤**	515 皎 달밝을 **교**

516	517	518	519	520
澉	淇	埼	捻	聃

521	522	523	524	525
啖	淘	掉	悼	逗

526	527	528	529	530
荳	娕	琅	崍	徠

531	532	533	534	535
涼	笒	聆	羚	逞

536	537	538	539	540
聊	淪	离	莉	犁

516	517	518	519	520
港	淇	埼	捻	聃
물돌아흐를 권	물이름 기	옥이름 기	비틀 념(염) 누를 녑(엽)	귓바퀴없을 담

521	522	523	524	525
啖	淘	掉	惇	逗
씹을 담	쌀일 도	흔들 도	도타울 돈	머무를 두

526	527	528	529	530
荳	嫩	琅	崍	倈
콩 두	예쁠 람	옥돌 랑(낭)	산이름 래(내)	올 래(내) 위로할 래(내)

531	532	533	534	535
涼	笭	聆	羚	逞
서늘할 량	도꼬마리 령(영)	들을 령(영)	영양 령(영)	쾌할 령(영)

536	537	538	539	540
聊	淪	离	莉	犁
애오라지 료(요) 어조사 료(요)	빠질 륜(윤) 물돌아흐를 론(논)	떠날 리 도깨비 리	말리 리(이)	밭갈 리(이) 밭갈 려(여)

541 覓	542 眸	543 梶	544 粕	545 絆
546 徘	547 匐	548 荸	549 埠	550 梭
551 爽	552 捷	553 淅	554 琁	555 珹
556 笹	557 淞	558 琇	559 脩	560 崧
561 偲	562 猜	563 埴	564 莘	565 婀

541	542	543	544	545
覓	眸	梶	粕	絆
찾을 **멱**	눈동자 **모**	나무끝 **미**	지게미 **박**	얽어맬 **반**

546	547	548	549	550
徘	匐	莩	埠	梭
어정거릴 **배**	길 **복**	갈대청 **부** 굶어죽을 **표**	부두 **부**	북 **사** 나무이름 **준**

551	552	553	554	555
爽	捿	淅	琁	瑊
시원할 **상**	깃들일 **서**	일 **석**	옥 **선** 붉은옥 **경**	옥이름 **성**

556	557	558	559	560
笹	淞	琇	脩	崧
조릿대 **세**	강이름 **송**	옥돌 **수**	포 **수** 술잔 **유**	우뚝솟을 **숭**

561	562	563	564	565
偲	猜	埴	莘	婀
굳셀 **시** 책선할 **시**	시기할 **시** 시기할 **채**	찰흙 **식** 찰흙 **치**	족두리풀 **신** 나라이름 **신**	아리따울 **아**

566	567	568	569	570
莪	訒	唵	痒	唹

571	572	573	574	575
偃	淹	垸	埶	猊

576	577	578	579	580
敖	珸	晤	梡	脘

581	582	583	584	585
婠	琬	雺	釬	勖

586	587	588	589	590
婑	訢	痪	翌	訏

566	567	568	569	570
莪	訝	唵	痒	唹
쑥 아	의심할 아	머금을 암	앓을 양	고요히웃을 어

571	572	573	574	575
偃	淹	堄	埶	猊
쓰러질 언	담글 엄	성가퀴 예	재주 예 권세 세	사자 예

576	577	578	579	580
敖	珸	晤	梡	脘
거만할 오	옥돌 오	총명할 오	도마 완 도마 관	밥통 완

581	582	583	584	585
婠	琓	雩	釪	勖
품성좋을 완	옥이름 완	기우제 우	창고달 우	힘쓸 욱

586	587	588	589	590
婑	訢	痍	翌	誑
아리따울 유 정숙할 와	화평할 은 화평할 흔	상처 이	다음날 익	생각할 임

① 窈窕 (　　) ② 蚯蚓 (　　) ③ 瑕疵 (　　)

④ 烝溜 (　　) ⑤ 畛域 (　　) ⑥ 兆朕 (　　)

⑦ 狼狽 (　　) ⑧ 僥倖 (　　) ⑨ 邂逅 (　　)

⑩ 皎潔 (　　) ⑪ 健啖 (　　) ⑫ 不逞 (　　)

⑬ 籠絆 (　　) ⑭ 猜忌 (　　) ⑮ 船埠 (　　)

답을 골라 볼까...

해후	시기	낭패	불령	증류
선부	구인	농반	조짐	건담
교결	요행	진역	요조	하자

※ 상공회의소 한자시험 기출 한자들입니다.

한자 단어의 음과 뜻을 새기며 읽어 보자.

① 窈窕(요조) 여자의 행동이 얌전하고 정숙함
　　　　　　　(窈 고요할 요 窕 으늑할 조)
② 蚯蚓(구인) 지렁이(蚯 지렁이 구 蚓 지렁이 인)
③ 瑕疵(하자) 흠. 옥의 얼룩진 흔적(瑕 허물 하 疵 허물 자)
④ 烝溜(증류) 액체를 가열하여 생긴 기체를 냉각하여 다시 액체로
　　　　　　　만드는 일(烝 김오를 증 溜 처마물 류(유))
⑤ 畛域(진역) 밭의 가장자리를 흙으로 둘러막은 두둑 또는 경계
　　　　　　　(畛 두둑 진 域 지경 역)
⑥ 兆朕(조짐) 좋거나 나쁜 일이 생길 기미가 보이는 현상
　　　　　　　(兆 조 조 朕 나 짐)
⑦ 狼狽(낭패) 계획한 일이 실패로 되었거나 기대에 어긋나서 매우
　　　　　　　딱하게 됨(狼 이리 낭(랑) 狽 이리/낭패할 패)
⑧ 僥倖(요행) 뜻밖에 잘되어 얻는 행운(僥 요행 요 倖 요행 행)
⑨ 邂逅(해후) 오랫동안 헤어졌다가 뜻밖에 다시 만남
　　　　　　　(邂 만날 해 逅 만날 후)
⑩ 皎潔(교결) 달이 밝고도 맑거나 또는 마음씨가 깨끗하고 맑음
　　　　　　　(皎 달밝을 교 潔 깨끗할 결)
⑪ 健啖(건담) 모든 음식을 맛있게 잘 먹고 많이 먹음
　　　　　　　(健 굳셀 건 啖 씹을 담)
⑫ 不逞(불령) 원한이나 불만 등를 품고서 어떠한 구속도 받지 않고
　　　　　　　자기 마음대로 행동함(不 아닐 불 逞 쾌할 령(영))
⑬ 籠絆(농반) 자유를 구속함(籠 대바구니 농(롱) 絆 얽어맬 반)
⑭ 猜忌(시기) 남이 잘되는 것을 샘하여 미워함
　　　　　　　(猜 시기할 시/시기할 채 忌 꺼릴 기)
⑮ 船埠(선부) 배가 머물다 가는 일정한 곳(船 배 선 埠 부두 부)

591 紵	592 這	593 荻	594 晢	595 程
596 淀	597 斑	598 髟	599 珵	600 埩
601 眺	602 窀	603 猝	604 淙	605 悰
606 焌	607 逡	608 晙	609 埻	610 棜
611 趹	612 釳	613 紮	614 猖	615 婇

591 紵 모시 **저**	592 這 이 **저**	593 荻 물억새 **적**	594 晢 밝을 **절** 반짝반짝할 **제**	595 桯 기둥 **정**

596 淀 얕은물 **정**	597 珽 옥이름 **정**	598 髭 조촐하게꾸밀 **정**	599 珵 패옥 **정**	600 埩 밭 갈 **정**

601 眺 볼 **조**	602 窕 으늑할 **조**	603 猝 갑자기 **졸**	604 淙 물소리 **종**	605 悰 즐길 **종**

606 焌 구울 **준**	607 逡 뒷걸음질칠 **준**	608 晙 밝을 **준**	609 埻 과녁 **준**	610 桭 평고대 **진**

611 胗 밝을 **진** 흘겨볼 **미**	612 釵 비녀 **차** 비녀 **채**	613 紮 감을 **찰**	614 猖 미쳐날뛸 **창**	615 婇 여자이름 **채**

616 寀	617 埰	618 悽	619 釧	620 甜
621 梢	622 恩	623 悴	624 厠	625 淄
626 梔	627 痔	628 啄	629 偸	630 烹
631 匏	632 彪	633 啷	634 偕	635 衙
636 晛	637 渼	638 瓠	639 晧	640 惚

616	617	618	619	620
寀	埰	悽	釧	甛
녹봉 채	사패지 채	슬퍼할 처	팔찌 천	달 첨

621	622	623	624	625
梢	悤	悴	厠	淄
나무끝 초 마들가리 소	바쁠 총	파리할 췌	뒷간 측	검은빛 치

626	627	628	629	630
梔	痔	啄	偸	烹
치자나무 치	치질 치	쪼을 탁 부리 주	훔칠 투	삶을 팽

631	632	633	634	635
匏	彪	唅	偕	衒
박 포	범 표	재갈머금을 함	함께 해	자랑할 현

636	637	638	639	640
晛	淏	瓟	晧	惚
햇살 현	맑을 호	박 호	밝을 호	황홀할 홀

641	642	643	644	645
晥	淆	焄	畦	烯

646		647	648	649
晞	총12획	軻	揀	稈

650	651	652	653	654
絳	喀	鈐	堺	棨

655	656	657	658	659
菰	辜	琨	菅	琯

660	661	662	663	664
筐	蛟	窘	逵	菫

641	642	643	644	645
晥	淆	焄	畦	烯
환할 **환**	뒤섞일 **효**	김쐴 **훈**	밭두둑 **휴**	불빛 **희** / 마를 **희**

646		647	648	649
晞	총12획	軻	揀	稈
마를 **희**		수레 **가**	가릴 **간**	짚 **간**

650	651	652	653	654
絳	喀	鈐	堺	棨
진홍 **강**	토할 **객**	비녀장 **검** / 창자루 **근**	지경 **계**	창 **계**

655	656	657	658	659
菰	辜	琨	菅	琯
줄풀 **고**	허물 **고**	옥돌 **곤**	골풀 **관**	옥피리 **관**

660	661	662	663	664
筐	蛟	窘	逵	堇
광주리 **광**	교룡 **교**	군색할 **군**	길거리 **규**	제비꽃 **근**

665 喇	666 訧	667 湳	668 鈕	669 覃
670 棹	671 堵	672 焞	673 嵐	674 蒤
675 寐	676 桧	677 渺	678 玭	679 雯
680 湄	681 渼	682 嵋	683 媚	684 媄
685 嵶	686 湃	687 焙	688 筏	689 琺

665	666	667	668	669
喇	旃	湳	鈕	覃
나팔 나(라)	깃발 펄렁일 나	물이름 남	꼭지 뉴 손잡이 뉴	깊을 담 날이설 염

670	671	672	673	674
棹	堵	焞	嵐	菉
노 도 책상 탁	담 도 강이름 자	귀갑지지는불 돈 성할 퇴	남기 람(남)	조개풀 록(녹)

675	676	677	678	679
寐	槄	渺	珷	雯
잘 매	홈통 명	아득할 묘 물질편할 묘	옥돌 무	구름무늬 문

680	681	682	683	684
湄	渼	嵋	媚	媄
물가 미 더운물 난	물놀이 미	산이름 미	아첨할 미 예쁠 미	아름다울 미

685	686	687	688	689
嵄	湃	焙	筏	琺
깊은산 미	물결칠 배	불에쬘 배	뗏목 벌	법랑 법

690	691	692	693	694
樑	淙	雺	蕢	斐

695	696	697	698	699
棐	菲	渣	鈒	庽

700	701	702	703	704
甥	膟	惰	絮	愃

705	706	707	708	709
渲	渫	离	猩	甦

710	711	712	713	714
琡	菽	寔	鄂	愕

690	691	692	693	694
棅	湺	雰	賁	斐
자루 **병**	보 **보**	눈날릴 **분**	클 **분** 꾸밀 **비**	문채날 **비**

695	696	697	698	699
棐	菲	渣	鈒	廂
도지개 **비**	엷을 **비**	찌끼 **사**	창 **삽**	행랑 **상**

700	701	702	703	704
甥	貹	惰	絮	愃
생질 **생**	재물 **생**	슬기 **서**	솜 **서** 간맞출 **처**	쾌할 **선** 너그러울 **훤**

705	706	707	708	709
渲	渫	卨	猩	甦
바림 **선**	파낼 **설** 물결일렁이는모양 **첩**	사람이름 **설**	성성이 **성**	깨어날 **소** 긁어모을 **소**

710	711	712	713	714
琡	菽	寔	鄂	愕
옥이름 **숙**	콩 **숙**	이 **식**	나라이름 **악**	놀랄 **악**

715	716	717	718	719
渥	幄	揶	馭	暘
720	721	722	723	724
堧	琰	渶	椀	琬
725	726	727	728	729
猥	傛	堣	湲	琟
730	731	732	733	734
揄	鈗	嫛	貽	絪
735	736	737	738	739
湮	孱	渽	菹	詛

715 渥 두터울 **악** 담글 **우**	716 幄 휘장 **악**	717 揶 야유할 **야**	718 馭 말부릴 **어**	719 暘 해반짝날 **역** 해돋이 **양**

720 堧 빈터 **연** 강가 **연**	721 琰 옥 **염**	722 瑛 물맑을 **영**	723 椀 주발 **완**	724 琬 홀 **완**

725 猥 외람할 **외**	726 傛 익숙할 **용**	727 堣 모퉁이 **우**	728 湲 물흐를 **원** 흐를 **완**	729 瑈 옥돌 **유**

730 揄 야유할 **유** 요적옷 **요**	731 鈗 창 **윤**	732 嫛 기쁠 **이** 기쁠 **희**	733 貽 끼칠 **이**	734 絪 기운 **인**

735 湮 묻힐 **인** 막힐 **연**	736 孱 잔약할 **잔**	737 溨 맑을 **재**	738 菹 김치 **저** 늪 **자**	739 詛 저주할 **저**

문제 5

다음 한자 단어의 음을 보기에서 골라 적어 보자.

① 猝富 ( )   ② 猖獗 ( )   ③ 封采 ( )

④ 悽慘 ( )   ⑤ 憔悴 ( )   ⑥ 恍惚 ( )

⑦ 揀擇 ( )   ⑧ 辜負 ( )   ⑨ 窘乏 ( )

⑩ 菉竹 ( )   ⑪ 媚笑 ( )   ⑫ 賁飾 ( )

⑬ 甥姪 ( )   ⑭ 浚渫 ( )   ⑮ 湮滅 ( )

```
답을 골라 볼까...
```

준설	초췌	봉채	졸부	녹죽
비식	처참	황홀	창궐	고부
간택	군핍	인멸	생질	미소

※ 상공회의소 한자시험 기출 한자들입니다.

① 猝富(졸부) 갑자기 된 벼락부자(猝 갑자기 졸 富 부유할 부)

② 猖獗(창궐) 못된 세력이나 전염병 등이 거세게 일어나 걷잡을 수
없이 퍼짐(猖 미쳐날뛸 창 獗 날뛸 궐)

③ 封采(봉채) 혼인 전날 신부집으로 예단과 혼서를 보내는 일
(封 봉할 봉 采 녹봉 채)

④ 悽慘(처참) 몸서리칠 정도로 슬프고 끔찍함
(悽 슬퍼할 처 慘 참혹할 참)

⑤ 憔悴(초췌) 병, 근심, 고생 등으로 얼굴이나 몸이 여위고 마른
상태(憔 파리할 초 悴 파리할 췌)

⑥ 恍惚(황홀) 찬란하고 화려하여 눈이 부심
(恍 황홀할 황 惚 황홀할 홀)

⑦ 揀擇(간택) 분간하여 선택함(揀 가릴 간 擇 가릴 택)

⑧ 辜負(고부) 남의 호의나 기대를 저버림(辜 허물 고 負 질 부)

⑨ 窘乏(군핍) 필요한 것이 없거나 모자라 군색하고 아쉬움
(窘 군색할 군 乏 모자랄 핍)

⑩ 菉竹(녹죽) 푸른 대나무(菉 조개풀 녹(록) 竹 대 죽)

⑪ 媚笑(미소) 애교를 부리며 곱게 웃는 웃음
(媚 아첨할/예쁠 미 笑 웃음 소)

⑫ 賁飾(비식) 예쁘게 꾸밈(賁 클 분/꾸밀 비 飾 꾸밀 식)

⑬ 甥姪(생질) 누이의 아들(甥 생질 생 姪 조카 질)

⑭ 浚渫(준설) 개울이나 하천 등의 밑바닥에 멘 것을 파냄
(浚 깊게할 준 渫 파낼 설/물결일렁이는모양 접)

⑮ 湮滅(인멸) 자취도 없이 모두 없어짐
(湮 묻힐 인/막힐 연 滅 꺼질/멸할 멸)

740	741	742	743	744
琪	筌	婷	渟	湞

745	746	747	748	749
臿	啼	琮	棕	湊

750	751	752	753	754
畯	竣	軫	趺	蛭

755	756	757	758	759
硨	琗	棌	堞	貂

760	761	762	763	764
酢	稍	湫	筑	萃

740	741	742	743	744
琠	筌	婷	淳	湞
귀막이 전	통발 전	예쁠 정	물괼 정	물이름 정

745	746	747	748	749
晸	嗁	琮	椶	湊
해뜨는모양 정	울 제	옥홀 종	종려나무 종	모일 주

750	751	752	753	754
畯	竣	軫	跌	蛭
농부 준	마칠 준	수레뒤턱나무 진	거꾸러질 질	거머리 질

755	756	757	758	759
硨	琗	棌	堞	貂
옥돌 차 조개 거	옥문채 채	참나무 채	성가퀴 첩	담비 초

760	761	762	763	764
酢	稍	湫	筑	萃
신맛나는조미료 초 잔돌릴 작	점점 초	다할 추 낮을 초	악기이름 축	모을 췌

765 惻	766 琛	767 晫	768 琸	769 跆
770 跛	771 鈑	772 愎	773 萍	774 厦
775 喊	776 焱	777 絢	778 睍	779 皓
780 渙	781 惶	782 湟	783 媓	784 堭
785 徨	786 蛔	787 帿	788 喧	789 喙

765	766	767	768	769
惻	琛	晫	琸	跆
슬퍼할 **측**	보배 **침**	밝을 **탁**	사람이름 **탁**	밟을 **태**

770	771	772	773	774
跛	鈑	愎	萍	厦
절름발이 **파** 비스듬히설 **피**	금박 **판**	강퍅할 **퍅**	부평초 **평**	큰집 **하**

775	776	777	778	779
喊	焱	絢	睍	皓
소리칠 **함**	불꽃 **혁** 불꽃 **염**	무늬 **현**	불거진눈 **현**	흴 **호**

780	781	782	783	784
渙	惶	湟	媓	堭
흩어질 **환**	두려울 **황**	성지 **황**	어미 **황** 순의비 **황**	당집 **황**

785	786	787	788	789
徨	蛔	帿	喧	喙
헤맬 **황**	회충 **회**	과녁 **후**	지껄일 **훤**	부리 **훼** 부리 **달**

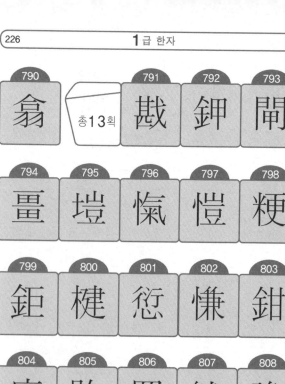

790 翕	총13획	791 戡	792 鉀	793 聞
794 畺	795 堨	796 愻	797 愷	798 粳
799 鉅	800 楗	801 慫	802 慊	803 鉗
804 痼	805 跨	806 罦	807 絿	808 詭
809 棋	810 煖	811 楠	812 審	813 瑙

790 翕 합할 흡	총13획	791 戡 이길 감	792 鉀 갑옷 갑 / 793 閘 수문 갑

| 794 畺 지경 강 | 795 塏 높은땅 개 | 796 愾 성낼 개 한숨쉴 희 | 797 愷 편안할 개 | 798 粳 메벼 갱 |

| 799 鉅 클 거 | 800 楗 문빗장 건 | 801 愆 허물 건 | 802 慊 찐덥지않을 겸 혐의 혐 | 803 鉗 칼 겸 |

| 804 痼 고질 고 | 805 跨 넘을 과 걸터앉을 고 | 806 罫 줄 괘 | 807 絿 급할 구 | 808 詭 속일 궤 |

| 809 稘 돌 기 일주년 기 | 810 煖 더울 난 따뜻할 훤 | 811 楠 녹나무 남 | 812 寗 편안할 녕(영) | 813 瑙 마노 노 |

814 亶	815 滔	816 搗	817 粱	818 粮
819 輅	820 碌	821 賂	822 旒	823 煤
824 愪	825 酪	826 楙	827 楣	828 嫩
829 瞽	830 雹	831 鉑	832 滂	833 酘
834 梟	835 觔	836 硼	837 嗇	838 鈷

814	815	816	817	818
亶	滔	搗	粱	粮
믿음 **단** 머뭇거릴 **전**	물넘칠 **도**	찧을 **도**	기장 **량(양)**	양식 **량(양)**

819	820	821	822	823
輅	礫	賂	旒	煤
수레 **로(노)** 작은수레 **락(낙)**	푸른돌 **록(녹)** 자갈땅 **락(낙)**	뇌물 **뢰(뇌)**	깃발 **류(유)**	그을음 **매**

824	825	826	827	828
愐	酩	楙	楣	嫐
맘너그러울 **면**	술취할 **명**	무성할 **무**	문미 **미**	착하고아름다울 **미**

829	830	831	832	833
暋	雹	鉑	滂	馝
굳셀 **민**	우박 **박**	박 **박** 금박 **박**	비퍼부을 **방**	향기로울 **별**

834	835	836	837	838
鳧	艀	硼	嗇	鉐
오리 **부**	작은배 **부**	붕사 **붕** 돌소리 **평**	아낄 **색**	놋쇠 **석**

839	840	841	842	843
瑄	跣	僊	瑆	筬
844	845	846	847	848
腥	溯	搔	愫	銖
849	850	851	852	853
膝	蜃	隘	爺	椰
854	855	856	857	858
惹	葯	敭	煬	暘
859	860	861	862	863
瘀	艅	瑌	楹	塋

839	840	841	842	843
瑄	跣	僊	瑆	筬
도리옥 **선**	맨발 **선**	춤출 **선** 신선 **선**	옥빛 **성** 빛날 **성**	바디 **성**

844	845	846	847	848
腥	溯	搔	愫	銊
비릴 **성**	거슬러올라갈 **소** 물 **삭**	긁을 **소** 손톱 **조**	정성 **소**	돗바늘 **술**

849	850	851	852	853
塍	蜃	隘	爺	椰
밭두둑 **승**	큰조개 **신**	좁을 **애** 막을 **액**	아비 **야**	야자나무 **야**

854	855	856	857	858
惹	葯	敭	煬	暘
이끌 **야**	꽃밥 **약** 동여맬 **적**	오를 **양**	쬘 **양**	해돋이 **양**

859	860	861	862	863
瘀	艅	瑌	楹	塋
어혈질 **어**	배이름 **여**	옥돌 **연**	기둥 **영**	무덤 **영**

864	865	866	867	868
煐	瑛	詣	塢	箕

869	870	871	872	873
蜈	媼	碗	嵬	煜

874	875	876	877	878
項	瑗	嬊	鉞	瑋

879	880	881	882	883
暐	猷	逾	萸	楢

884	885	886	887	888
潏	肆	靭	稔	睢

864	865	866	867	868
煐	瑛	詣	塢	篊
빛날 **영**	옥빛 **영**	이를 **예**	둑 **오**	버들고리 **오**
869	870	871	872	873
蜈	媼	碗	嵬	煜
지네 **오**	할미 **온** / 토지신 **온**	주발 **완**	높을 **외**	빛날 **욱**
874	875	876	877	878
頊	瑗	嫄	鉞	瑋
삼갈 **욱**	구슬 **원**	사람이름 **원**	(큰)도끼 **월**	옥 **위**
879	880	881	882	883
暐	㺄	逾	萸	楢
햇빛 **위**	꾈 **유**	넘을 **유**	수유 **유**	졸참나무 **유**
884	885	886	887	888
溵	肄	靷	稔	雎
물소리 **은**	익힐 **이**	가슴걸이 **인**	여물 **임**	물수리 **저**

다음 한자 단어의 음을 보기에서 골라 적어 보자.

① 淳泊(   ) ② 啼聲(   ) ③ 魚酢(   )

④ 惻隱(   ) ⑤ 皓齒(   ) ⑥ 驚惶(   )

⑦ 戡夷(   ) ⑧ 愆期(   ) ⑨ 溫煖(   )

⑩ 煤煙(   ) ⑪ 滂沱(   ) ⑫ 搔爬(   )

⑬ 鍼鈘(   ) ⑭ 參詣(   ) ⑮ 稔性(   )

답을 골라 볼까...

매연	어초	침술	경황	임성
측은	방타	호치	참예	감이
소파	제성	온난	정박	건기

※ 상공회의소 한자시험 기출 한자들입니다.

① 碇泊(정박) 배가 닻을 내리고 머무름
   (碇 물괼 정 泊 머무를/배댈 박)

② 啼聲(제성) 크게 소리 내어 우는 소리(啼 울 제 聲 소리 성)

③ 魚酢(어초) 생선을 소금에 절여서 삭힌 것 또는 생선젓
   (魚 물고기 어 酢 신맛나는조미료 초/잔돌릴 작)

④ 惻隱(측은) 가련하고 불쌍함(惻 슬퍼할 측 隱 숨을 은)

⑤ 皓齒(호치) 희고 깨끗한 이(皓 흴 호 齒 이 치)

⑥ 驚惶(경황) 놀라고 두려워 허둥지둥함(驚 놀랄 경 惶 두려울 황)

⑦ 戡夷(감이) 적을 물리치고 난리를 평온하게 함
   (戡 이길 감 夷 오랑캐 이)

⑧ 愆期(건기) 약속한 기일을 지키지 못함(愆 허물 건 期 기약할 기)

⑨ 溫煖(온난) 날씨가 따뜻함
   (溫 따뜻할 온 煖 더울 난/따뜻할 훤)

⑩ 煤煙(매연) 연기 속에 섞여 나오는 검은 가루
   (煤 그을음 매 煙 연기 연)

⑪ 滂沱(방타) 비가 세차게 쏟아지거나 눈물이 뚝뚝 떨어짐을 일컬음
   (滂 비퍼부을 방 沱 물이름 타)

⑫ 搔爬(소파) 조직을 긁어 이물질을 떼어 내는 일
   (搔 긁을 소/손톱 조 爬 긁을 파)

⑬ 鍼術(침술) 경혈에 침을 찔러 치료하는 방법
   (鍼 침 침 銃 돗바늘 술)

⑭ 參詣(참예) 신이나 부처 앞에 나아가 뵘
   (參 참여할 참/석 삼 詣 이를 예)

⑮ 稔性(임성) 생물이 유성생식이 가능한 일
   (稔 여물 임 性 성품 성)

889 勛	890 晴	891 碇	892 縱	893 鉦
894 瑅	895 椼	896 遒	897 銈	898 䞐
899 葰	900 雋	901 葺	902 楫	903 搢
904 溱	905 嗔	906 鉁	907 嫉	908 斠
909 嵯	910 嗟	911 粲	912 愴	913 睫

889 勳 공적 **적**	890 睛 눈동자 **정**	891 碇 닻 **정**	892 綎 띠술 **정**	893 鉦 징소리 **정**

894 瑅 제당옥 **제**	895 椶 종려나무 **종**	896 遒 닥칠 **주** 힘셀 **주**	897 鉒 쇳돌 **주**	898 晭 밝을 **주**

899 儁 클 **준** 생강 **준**	900 雋 영특할 **준** 살찐고기 **전**	901 葺 기울 **즙**	902 楫 노 **즙** 노 **집**	903 搢 꽂을 **진**

904 溱 많을 **진**	905 嗔 성낼 **진**	906 鉁 보배 **진**	907 嫉 미워할 **질**	908 斟 짐작할 **짐**

909 嵯 우뚝솟을 **차** 울쑥불쑥할 **치**	910 嗟 탄식할 **차**	911 粲 정미 **찬**	912 愴 슬플 **창**	913 睫 속눈썹 **첩**

914	915	916	917	918
劓	萩	璿	嗤	飭

919	920	921	922	923
楕	駄	搭	剽	鈚

924	925	926	927	928
遝	嗃	踤	葫	猾

929	930	931	932	933
遑	愰	幌	匯	賄

934	935	936	937	938
煦	塡	煊	暄	煇

914	915	916	917	918
劋	萩	瑃	嗤	飭
끊을 **초**	사철쑥 **추**	옥이름 **춘**	비웃을 **치**	신칙할 **칙**

919	920	921	922	923
楕	馱	搭	勡	鉍
길고둥글 **타**	실을 **타** 실을 **태**	탈 **탑**	겁박할 **표**	창자루 **필** 거문고 **슬**

924	925	926	927	928
遐	嗃	踥	葫	猾
멀 **하**	엄할 **학**	세울 **항** 세울 **강**	마늘 **호**	교활할 **활**

929	930	931	932	933
遑	怳	幌	滙	賄
급할 **황**	마음밝을 **황**	휘장 **황**	물돌 **회**	재물 **회** 뇌물 **회**

934	935	936	937	938
煦	塤	煊	暄	煇
따뜻하게할 **후**	질나팔 **훈**	마를 **훤**	온난할 **훤**	빛날 **휘** 햇무리 **운**

939 歃	총14획	940 竭	941 嫌
942 慷			

943 膈	944 箚	945 敲	946 槁	947 睾

948 暠	949 滾	950 嘔	951 廐	952 嶇

953 鉋	954 墐	955 漌	956 嫥	957 眹

958 嫩	959 逯	960 睹	961 嶋	962 棟

939 歆 흠향할 **흠**	총14획	940 竭 다할 **갈**	941 嬨 여자이름 **강** / 편안할 **강**	942 慷 슬플 **강**
943 膈 가슴 **격**	944 箝 재갈먹일 **겸**	945 敲 두드릴 **고**	946 槁 마를 **고**	947 睾 불알 **고**
948 暠 흴 **고** / 흴 **호**	949 滾 흐를 **곤**	950 嘔 게울 **구** / 기뻐할 **후**	951 廐 마구간 **구**	952 嶇 험할 **구**
953 銧 가래 **귀**	954 墐 매흙질할 **근** / 묻을 **근**	955 漌 맑을 **근**	956 嫤 고울 **근**	957 暣 볕기운 **기**
958 嫩 어릴 **눈**	959 遝 뒤섞일 **답**	960 睹 볼 **도**	961 嶋 섬 **도**	962 蝀 무지개 **동**

963 辣	964 瑯	965 廖	966 瑠	967 蕒
968 暝	969 摸	970 頤	971 磘	972 膊
973 膀	974 蒡	975 裴	976 褙	977 孵
978 蜚	979 榏	980 蓑	981 蒜	982 颯
983 墭	984 墅	985 蓆	986 嬥	987 煽

963	964	965	966	967
辣	瑯	廖	瑠	蓂
매울 랄(날)	옥돌 랑(낭)	빌 료(요) 나라이름류(유)	맑은유리 류(유)	명협 명

968	969	970	971	972
暝	摸	頵	磻	膊
저물 명	본뜰 모 더듬을 막	강할 민	옥돌 민	팔뚝 박

973	974	975	976	977
膀	蒡	裴	褙	孵
오줌통 방	우엉 방	성 배 치렁치렁할배	속적삼 배	알깔 부

978	979	980	981	982
蜚	榧	蓑	蒜	颯
바퀴 비 날 비	비자나무 비	도롱이 사 꽃술늘어질 쇠	마늘 산 마늘 선	바람소리 삽 큰바람 립

983	984	985	986	987
塽	墅	蓆	嫙	煽
높고밝은땅 상	농막 서	자리 석	고울 선	부채질할 선

988 蒜	989 嗽	990 蒡	991 縢	992 蒔
993 著	994 熄	995 斡	996 蒻	997 漾
998 嫣	999 熀	1000 瘏	1001 瑥	1002 窪
1003 寥	1004 晬	1005 僥	1006 凴	1007 塘
1008 榕	1009 瑢	1010 霩	1011 煩	1012 殞

988	989	990	991	992
蓀	嗽	蓨	縢	蒔
향풀이름 **손**	기침할 **수** 빨아들일 **삭**	수산 **수** 싹 **조**	잉아 **승**	모종낼 **시**

993	994	995	996	997
蓍	熄	斡	蒻	漾
톱풀 **시**	불꺼질 **식**	돌 **알** 주장할 **간**	구약나물 **약**	출렁거릴 **양** 뜰 **양**

998	999	1000	1001	1002
嫣	熀	寤	瑥	窪
아름다울 **언**	이글거릴 **엽** 이글거릴 **황**	잠깰 **오**	사람이름 **온**	웅덩이 **와**

1003	1004	1005	1006	1007
寥	曜	僥	慂	墉
쓸쓸할 **요**	햇빛 **요** 밝을 **요**	요행 **요**	권할 **용**	담 **용**

1008	1009	1010	1011	1012
榕	瑢	霘	熉	殞
벵골보리수 **용**	패옥소리 **용**	물소리 **우** 깃 **우**	빛이노란모양 **운**	죽을 **운**

1013 褑	1014 愿	1015 禕	1016 愍	1017 瑥
1018 飴	1019 楝	1020 漳	1021 臧	1022 箏
1023 摺	1024 喉	1025 綢	1026 蜘	1027 漬
1028 榛	1029 瑨	1030 瑱	1031 蓁	1032 瑳
1033 塹	1034 漲	1035 寨	1036 憪	1037 輒

1013	1014	1015	1016	1017
援	愿	褘	慇	愍
패옥띠 **원**	삼갈 **원**	아름다울 **위** 폐슬 **휘**	괴로워할 **은**	사람이름 **은**

1018	1019	1020	1021	1022
飴	㓤	漳	臧	箏
엿 **이**	작은북 **인**	물이름 **장**	착할 **장**	쟁 **쟁**

1023	1024	1025	1026	1027
摺	㗋	綯	蜘	漬
접을 **접**	부추길 **주** 부추길 **수**	얽을 **주** 쌀 **도**	거미 **지**	담글 **지**

1028	1029	1030	1031	1032
榛	瑨	瑱	蓁	瑳
개암나무 **진**	아름다운돌 **진**	귀막이옥 **진**	숲 **진** 우거질 **진**	고울 **차**

1033	1034	1035	1036	1037
塹	漲	寨	慽	輒
구덩이 **참**	넘칠 **창**	목책 **채**	근심할 **척**	문득 **첩** 번번이 **첩**

① 晴眸( ) ② 遒勁( ) ③ 悲愴( )

④ 剿說( ) ⑤ 禁飭( ) ⑥ 賄賂( )

⑦ 蕩竭( ) ⑧ 敲擊( ) ⑨ 逆睹( )

⑩ 膀胱( ) ⑪ 煽動( ) ⑫ 孵卵( )

⑬ 熄滅( ) ⑭ 窪地( ) ⑮ 牙箏( )

답을 골라 볼까...

선동	금칙	회뢰	초설	식멸
비창	부란	정모	와지	주경
방광	고격	아쟁	탕갈	역도

※ 상공회의소 한자시험 기출 한자들입니다.

① 睛眸(정모) 눈동자(睛 눈동자 정 眸 눈동자 모)

② 遒勁(주경) 그림이나 글씨 등에서 붓의 힘이 굳셈
　　　　　　　(遒 닥칠 주 勁 굳셀 경)

③ 悲愴(비창) 마음이 몹시 상하고 슬픔(悲 슬플 비 愴 슬플 창)

④ 剿說(초설) 남의 학설을 훔쳐 자기 것처럼 만듦
　　　　　　　(剿 끊을 초 說 말씀 설)

⑤ 禁飭(금칙) 하지 못하게 타이름(禁 금할 금 飭 신칙할 칙)

⑥ 賄賂(회뢰) 뇌물을 주고 받거나 또는 그 뇌물
　　　　　　　(賄 재물/뇌물 회 賂 뇌물 뢰(뇌))

⑦ 蕩竭(탕갈) 재물을 다 써 버림(蕩 방탕할 탕 竭 다할 갈)

⑧ 敲擊(고격) 손이나 발 등으로 치고 때림
　　　　　　　(敲 두드릴 고 擊 칠 격)

⑨ 逆睹(역도) 앞일을 미리 내다봄(逆 거스릴 역 睹 볼 도)

⑩ 膀胱(방광) 콩팥에서 흘러나오는 오줌을 저장하였다가 일정한
　　　　　　　양이 되면 요도를 통하여 배출시키는 기관
　　　　　　　(膀 오줌통 방 胱 오줌통 광)

⑪ 煽動(선동) 남을 부추겨 사건을 일으키게 함
　　　　　　　(煽 부채질할 선 動 움직일 동)

⑫ 孵卵(부란) 알에서 깨거나 알을 깜(孵 알깔 부 卵 알 란(난))

⑬ 熄滅(식멸) 자취도 없이 없애 버림
　　　　　　　(熄 불꺼질 식 滅 꺼질/멸할 멸)

⑭ 窪地(와지) 움푹 패어 웅덩이가 된 땅(窪 웅덩이 와 地 땅 지)

⑮ 牙箏(아쟁) 활로 줄을 문질러 연주하는 현악기의 하나
　　　　　　　(牙 어금니 아 箏 쟁 쟁)

1038 憁	1039 総	1040 緇	1041 綻	1042 榻
1043 颱	1044 慟	1045 槌	1046 慓	1047 祕
1048 蝦	1049 碫	1050 嫦	1051 熒	1052 滎
1053 澌	1054 蒿	1055 銕	1056 槻	1057 歆
총15획	1058 愨	1059 蝎	1060 踞	1061 徴

1038	1039	1040	1041	1042
憁	総	緇	綻	榻
분주할 **총**	다 **총** 합할 **총**	검을 **치**	터질 **탄**	걸상 **탑**

1043	1044	1045	1046	1047
颱	慟	槌	慓	馝
태풍 **태**	서러워할 **통**	망치 **퇴** 망치 **추**	급할 **표**	좋은향내가 날 **필**

1048	1049	1050	1051	1052
嘏	碬	嫦	熒	滎
클 **하** 클 **가**	숫돌 **하**	항아 **항**	등불 **형**	실개천 **형**

1053	1054	1055	1056	1057
滸	蒿	鉷	榥	歊
물가 **호**	쑥 **호**	쇠뇌고동 **홍**	책상 **황**	김 오를 **효**

	1058	1059	1060	1061
총**15**획	愨	蝎	踞	儆
	성실할 **각**	전갈 **갈** 나무굼벵이 **할**	걸어앉을 **거**	경계할 **경**

1062 頹	1063 磩	1064 鞏	1065 餃	1066 嶠
1067 鉥	1068 毆	1069 獙	1070 槻	1071 堪
1072 駑	1073 鄲	1074 嶝	1075 輌	1076 毽
1077 潞	1078 磊	1079 賷	1080 鬧	1081 蓼
1082 蔞	1083 凜	1084 撋	1085 鄰	1086 潾

1062	1063	1064	1065	1066
熲	磎	鞏	餃	嶠
빛날 **경**	시내 **계**	굳을 **공**	경단 **교**	산쭈볏할 **교**

1067	1068	1069	1070	1071
銶	毆	獗	槻	璂
끌 **구**	때릴 **구**	날뛸 **궐**	물푸레나무 **규**	피변꾸미개 **기**

1072	1073	1074	1075	1076
駑	鄲	嶝	輛	璉
둔한말 **노**	조나라서울 **단**	고개 **등**	수레 **량(양)**	호련 **련(연)**

1077	1078	1079	1080	1081
潞	磊	賚	鬧	蓼
강이름 **로(노)**	돌무더기 **뢰(뇌)**	줄 **뢰(뇌)**	시끄러울 **료(요)** 시끄러울 **뇨(요)**	여뀌 **료(요)** 클 **륙(육)**

1082	1083	1084	1085	1086
蔞	凜	撛	鄰	潾
산쑥 **루(누)**	찰 **름(늠)**	붙들 **린(인)**	이웃 **린(인)**	맑을 **린(인)**

1087 碼	1088 輞	1089 緬	1090 暝	1091 摹
1092 憮	1093 憋	1094 潤	1095 緡	1096 撲
1097 磐	1098 瘢	1099 魃	1100 磅	1101 劈
1102 斬	1103 澂	1104 蔔	1105 燧	1106 駙
1107 誹	1108 駟	1109 墻	1110 嬋	1111 璇

1087	1088	1089	1090	1091
碼	輞	緬	瞑	摹
마노 **마**	바퀴테 **망**	멀 **면**	눈감을 **명** 잘 **면**	베낄 **모**

1092	1093	1094	1095	1096
憮	愍	潤	緡	撲
어루만질 **무** 아리따울 **후**	영리할 **민** 근심할 **민**	물흐를 **민**	낚싯줄 **민** 새우는소리 **면**	칠 **박** 종아리채 **복**

1097	1098	1099	1100	1101
磐	瘢	魃	磅	劈
너럭바위 **반**	흉터 **반**	가물 **발**	돌떨어지는소리 **방**	쪼갤 **벽**

1102	1103	1104	1105	1106
軿	潽	萄	熢	駙
수레 **병** 수레 **변**	물이름 **보**	무 **복**	봉화 **봉** 연기자욱할 **봉**	곁마 **부**

1107	1108	1109	1110	1111
誹	駟	墡	嬋	璇
헐뜯을 **비**	사마 **사**	백토 **선** 좋은흙 **선**	고울 **선**	옥 **선**

1112	1113	1114	1115	1116
詖	銷	瘙	銹	賥

1117	1118	1119	1120	1121
蓴	諄	蝨	嘶	篒

1122	1123	1124	1125	1126
鴉	嬿	潁	獒	熬

1127	1128	1129	1130	1131
蝸	豌	翫	嶢	撓

1132	1133	1134	1135	1136
稢	澐	蝟	奫	閏

번호	한자	훈음
1112	蔎	향기로울 **설**
1113	銷	녹일 **소**
1114	瘙	피부병 **소**
1115	銹	녹슬 **수**
1116	賥	재물 **수**
1117	蓴	순채 **순**
1118	諄	타이를 **순**
1119	蝨	이 **슬**
1120	嘶	울 **시**
1121	篒	대밥통 **식**
1122	鴉	갈가마귀 **아**
1123	嬿	성씨 **연**
1124	潁	강이름 **영**
1125	獒	개 **오**
1126	熬	볶을 **오**
1127	蝸	달팽이 **와**
1128	豌	완두 **완**
1129	翫	장난할 **완** 탐할 **완**
1130	嶢	높을 **요**
1131	撓	어지러울 **요** 돌 **효**
1132	稶	서직무성할 **욱**
1133	澐	큰물결 **운**
1134	蝟	고슴도치 **위**
1135	奫	물깊고넓을 **윤**
1136	閏	윤달 **윤**

1137 闍	1138 燈	1139 蔗	1140 潺	1141 樟
1142 暲	1143 樗	1144 鋌	1145 霆	1146 鋥
1147 靚	1148 璁	1149 慫	1150 踪	1151 澍
1152 儁	1153 摯	1154 鉽	1155 蔯	1156 瞋
1157 禛	1158 緝	1159 濈	1160 磋	1161 膌

1137	1138	1139	1140	1141
誾	熤	蔗	潺	樟
향기 은 화평할 은	사람이름 익	사탕수수 자	졸졸흐를 잔	녹나무 장

1142	1143	1144	1145	1146
暲	樗	鋌	霆	鋥
밝을 장	가죽나무 저	쇳덩이 정	천둥소리 정	칼날세울 정

1147	1148	1149	1150	1151
靘	璁	慫	踪	澍
단장할 정	패옥소리 종(총)	권할 종	자취 종	단비 주

1152	1153	1154	1155	1156
儁	摯	鋕	瘴	瞋
준걸 준	잡을 지	새길 지	더위지기 진	부릅뜰 진

1157	1158	1159	1160	1161
禛	緝	濈	磋	瘠
복받을 진	모을 집 이을 즙	샘솟을 집	갈 차	여윌 척

1162	1163	1164	1165	1166
輟	謟	憔	蒽	墜

1167	1168	1169	1170	1171
諏	皺	嘴	幟	輜

1172	1173	1174	1175	1176
憚	褪	慝	澎	翩

1177	1178	1179	1180	1181
瀾	緘	噓	儇	鋏

1182	1183	1184	1185	1186
曙	憲	憓	蝴	澔

1162	1163	1164	1165	1166
輟	諂	憔	蒼	墜
그칠 **철**	아첨할 **첨**	파리할 **초**	파 **총** 짐수레 **창**	떨어질 **추**

1167	1168	1169	1170	1171
諏	皺	嘴	幟	輜
물을 **추**	주름 **추**	부리 **취**	기 **치**	짐수레 **치**

1172	1173	1174	1175	1176
憚	褪	慝	澎	扁羽
꺼릴 **탄**	바랠 **퇴**	사특할 **특** 악할 **특**	물소리 **팽**	나부낄 **편**

1177	1178	1179	1180	1181
瀚	緘	噓	儇	鋏
넓을 **한**	봉할 **함**	불 **허**	영리할 **현**	집게 **협**

1182	1183	1184	1185	1186
瞎	憲	憓	蝴	滸
별반짝일 **혜**	밝힐 **혜**	사랑할 **혜**	나비 **호**	넓을 **호**

① 綻露(　　) ② 悲慟(　　) ③ 慓毒(　　)

④ 盤踞(　　) ⑤ 鞏膜(　　) ⑥ 毆打(　　)

⑦ 駑鈍(　　) ⑧ 瞑想(　　) ⑨ 誹謗(　　)

⑩ 銷却(　　) ⑪ 熬餠(　　) ⑫ 失踪(　　)

⑬ 眞摯(　　) ⑭ 阿諂(　　) ⑮ 緘札(　　)

답을 골라 볼까...

소각	아첨	명상	실종	구타
비통	표독	공막	탄로	반거
함찰	비방	진지	노둔	오병

※ 상공회의소 한자시험 기출 한자들입니다.

정답 한자 단어의 음과 뜻을 새기며 읽어 보자.

① 綻露(탄로) 숨긴 일이 드러남(綻 터질 탄 露 이슬 로(노))

② 悲慟(비통) 슬퍼하여 울부짖음(悲 슬플 비 慟 서러워할 통)

③ 慓毒(표독) 사납고 독살스러움(慓 급할 표 毒 독 독)

④ 盤踞(반거) 한 집단이 지방을 모두 차지하고 세력을 떨침
　　　　　　(盤 소반 반 踞 걸어앉을 거)

⑤ 鞏膜(공막) 희고 튼튼한 섬유질로 되어 있는 눈알의 바깥벽 전체
　　　　　　를 둘러 싸고 있는 막(鞏 굳을 공 膜 꺼풀/막 막)

⑥ 毆打(구타) 사람을 마구 때리고 침(毆 때릴 구 打 칠 타)

⑦ 駑鈍(노둔) 둔하고 어리석어 미련함(駑 둔한말 노 鈍 둔할 둔)

⑧ 瞑想(명상) 고요히 눈을 감고 깊이 생각함
　　　　　　(瞑 눈감을 명/잘 면 想 생각 상)

⑨ 誹謗(비방) 남을 비웃고 헐뜯어 말함
　　　　　　(誹 헐뜯을 비 謗 헐뜯을 방)

⑩ 銷却(소각) 지워서 없애 버림(銷 녹일 소 却 물리칠 각)

⑪ 熬餠(오병) 가래떡을 자른 것에 쇠고기와 여러 가지 채소를 넣고
　　　　　　양념을 하여 볶은 다음 고명을 얹어 내는 음식
　　　　　　(熬 볶을 오 餠 떡 병)

⑫ 失踪(실종) 소재나 행방을 몰라서 생사 여부를 알 수 없게 됨
　　　　　　(失 잃을 실 踪 자취 종)

⑬ 眞摯(진지) 행동이나 말이 참되고 착실함
　　　　　　(眞 참 진 摯 잡을 지)

⑭ 阿諂(아첨) 남의 마음에 들려고 간사를 부리며 알랑거림
　　　　　　(阿 언덕 아 諂 아첨할 첨)

⑮ 緘札(함찰) 겉봉을 봉한 편지(緘 봉할 함 札 편지/뽑을 찰)

1187 皞	1188 嫿	1189 磝	1190 蝗	1191 篁
1192 潢	1193 晶	1194 麾	1195 憘	1196 熙
총16획	1197 橄	1198 彊	1199 鋸	1200 劎
1201 憩	1202 錕	1203 舘	1204 蕎	1205 蕨
1206 擒	1207 錡	1208 錤	1209 撻	1210 澾

1187 皞 밝을 호	1188 嬅 탐스러울 화	1189 碻 굳을 확	1190 蝗 누리 황	1191 篁 대숲 황

1192 潢 웅덩이 황	1193 皛 나타날 효 흴 효	1194 麾 기 휘	1195 憘 기쁠 희	1196 熙 빛날 희

총16획	1197 橄 감람나무 감	1198 彊 굳셀 강	1199 鋸 톱 거	1200 劒 칼 검

1201 憩 쉴 게	1202 錕 산이름 곤	1203 錧 비녀장 관	1204 蕎 메밀 교	1205 蕨 고사리 궐

1206 擒 사로잡을 금	1207 錡 가마솥 기 쇠뇌틀 의	1208 錤 호미 기	1209 撻 때릴 달	1210 澾 미끄러울 달

1211 蕁	1212 憺	1213 錟	1214 覿	1215 燉
1216 噇	1217 膧	1218 瞳	1219 橙	1220 螂
1221 澧	1222 擄	1223 燎	1224 瘦	1225 褸
1226 錀	1227 厱	1228 瞞	1229 冪	1230 螟
1231 躬	1232 樸	1233 璞	1234 鉼	1235 輹

1211	1212	1213	1214	1215
燾	憺	錟	覩	燉
지모 담 지모 심	참담할 담	창 담 서슬 염	볼 도	불빛 돈

1216	1217	1218	1219	1220
暾	朣	曈	橙	螂
아침해 돈	달빛밝으려할 동 흐릴 동	동틀 동	귤 등 걸상 등	사마귀 랑(낭)

1221	1222	1223	1224	1225
澧	擄	燎	瘻	褸
강이름 례(예) 강이름 풍	노략질할 로(노) 사로잡을 로(노)	횃불 료(요)	부스럼 루(누)	헌누더기 루(누)

1226	1227	1228	1229	1230
錀	麗	瞞	冪	螟
쇠 륜 금 륜	바를 리	속일 만 부끄러워할 문	덮을 멱	멸구 명

1231	1232	1233	1234	1235
躾	樸	璞	鉼	輹
예절가르칠 미	순박할 박 나무빽빽할 복	옥돌 박	판금 병	복토 복

1236	1237	1238	1239	1240
憊	儐	篩	橡	譖

1241	1242	1243	1244	1245
斅	穌	嘯	隥	濉

1246	1247	1248	1249	1250
瀟	莽	樧	錞	諶

1251	1252	1253	1254	1255
鴬	縊	嶪	曄	棠

1256	1257	1258	1259	1260
霓	澳	壞	懁	縕

1236	1237	1238	1239	1240
憊	儐	簁	橡	諝
			상수리나무 **상**	
고단할 **비**	인도할 **빈**	체 **사**		슬기로울 **서**

1241	1242	1243	1244	1245
敾	穌	嘯	隧	瀢
	깨어날 **소**	휘파람불 **소**		물이름 **수**
기울 **선**	긁어모을 **소**	꾸짖을 **질**	길 **수**	부름떠볼 **휴**

1246	1247	1248	1249	1250
潚	蕣	橓	錞	諶
빠를 **숙**		무궁화나무	악기이름 **순**	
깊고맑을 **축**	무궁화 **순**	**순**	창고달 **대**	참 **심**

1251	1252	1253	1254	1255
鴦	縊	嶪	曄	蘂
		높고험할 **업**	빛날 **엽**	꽃술 **예**
원앙 **앙**	목맬 **액**			

1256	1257	1258	1259	1260
霓	澳	塢	懊	縕
	깊을 **오**	물가 **오**		주홍빛 **온**
무지개 **예**	후미 **욱**	물가 **욱**	한할 **오**	

1261	1262	1263	1264	1265
壅	橈	縟	橒	蕓
1266	1267	1268	1269	1270
賱	鴽	蔿	蹂	諛
1271	1272	1273	1274	1275
燏	億	綷	錚	鮎
1276	1277	1278	1279	1280
霑	諄	醍	踵	輳
1281	1282	1283	1284	1285
寯	樽	縝	縉	璡

1261	1262	1263	1264	1265
甕	橈	縟	橒	蕓
막을 옹	굽을 요 노 뇨	채색 욕	나무무늬 운	평지 운

1266	1267	1268	1269	1270
賱	鴛	蔿	蹂	諛
넉넉할 운	원앙 원	애기풀 위	밟을 유	아첨할 유

1271	1272	1273	1274	1275
燏	僞	縡	錚	鮎
빛날 율	기댈 은 안온할 온	일 재	쇳소리 쟁	메기 점

1276	1277	1278	1279	1280
霑	諄	醍	踵	輳
젖을 점	조정할 정	맑은술 제	발꿈치 종	몰려들 주

1281	1282	1283	1284	1285
寯	樽	縝	縉	璡
모일 준	술통 준	고울 진	붉은비단 진	옥돌 진

1286 臻	1287 濴	1288 艙	1289 擅	1290 賭
1291 膊	1292 熾	1293 孿	1294 澣	1295 懈
1296 駭	1297 輳	1298 頻	1299 蕙	1300 縞
1301 璜	1302 獪	1303 凞	1304 熺	1305 噫
1306 橲	총17획	1307 磵	1308 瞰	1309 襁

1286	1287	1288	1289	1290
臻	澯	艙	擅	賰
이를 **진**	맑을 **찬**	부두 **창**	멋대로할 **천**	넉넉할 **춘**

1291	1292	1293	1294	1295
膵	熾	嬖	澣	懈
췌장 **췌**	성할 **치**	사랑할 **폐**	빨래할 **한** 열흘 **한**	게으를 **해**

1296	1297	1298	1299	1300
駭	轓	頬	蕙	縞
놀랄 **해**	초헌 **헌** 멍에 **혼**	뺨 **협**	풀이름 **혜**	명주 **호**

1301	1302	1303	1304	1305
璜	獪	凞	燨	噫
패옥 **황**	교활할 **회** 교활할 **쾌**	빛날 **희** 온화할 **희**	빛날 **희**	탄식할 **희** 트림할 **애**

1306		1307	1308	1309
橲	총**17**획	磵	瞰	襁
나무이름 **희**		산골짜기물 **간**	굽어볼 **감**	포대기 **강**

1310	1311	1312	1313	1314
糠	櫃	遽	蹇	橄

1315	1316	1317	1318	1319
璇	擎	縈	鍋	鮫

1320	1321	1322	1323	1324
懃	檎	磯	懦	螳

1325	1326	1327	1328	1329
黛	撻	臀	瞭	縷

1330	1331	1332	1333	1334
魤	錨	繆	謎	謐

1310	1311	1312	1313	1314
糠	橿	遽	蹇	橄
겨 **강**	감탕나무 **강**	급히 **거**	절뚝발 **건**	등잔걸이 **경** 도지개 **경**

1315	1316	1317	1318	1319
璟	擎	檠	鍋	鮫
경옥 **경**	들어올릴 **경**	등잔대 **경** 도지개 **경**	노구솥 **과**	상어 **교**

1320	1321	1322	1323	1324
懃	檎	磯	懦	螳
은근할 **근**	능금나무 **금**	물가 **기**	나약할 **나** 겁쟁이 **유**	미얀마재비 **당** 사마귀 **당**

1325	1326	1327	1328	1329
黛	擡	臀	瞭	縷
눈썹먹 **대**	들 **대**	볼기 **둔**	밝을 **료(요)** 맑을 **료(요)**	실 **루(누)**

1330	1331	1332	1333	1334
麟	錨	繆	謎	謐
기린 **린**	닻 **묘**	얽을 **무** 사당치레 **목**	수수께끼 **미**	고요할 **밀**

문제 9

다음 한자 단어의 음을 보기에서 골라 적어 보자.

① 指麾( )　② 休憩( )　③ 撻罰( )

④ 螳螂( )　⑤ 襤褸( )　⑥ 欺瞞( )

⑦ 蓂花( )　⑧ 鴛鴦( )　⑨ 曄然( )

⑩ 壅塞( )　⑪ 蹂躪( )　⑫ 霑濡( )

⑬ 獨擅( )　⑭ 懈惰( )　⑮ 急遽( )

답을 골라 볼까...

점유	당랑	유린	달벌	옹색
독천	남루	해타	기만	급거
엽연	휴게	원앙	지휘	순화

※ 상공회의소 한자시험 기출 한자들입니다.

① 指麾(지휘) 목적을 효과적으로 달성하기 위하여 단체의
　　　　　　 행동을 통솔함(指 가리킬 지 麾 기 휘)

② 休憩(휴게) 일을 하다가 잠깐 쉼(休 쉴 휴 憩 쉴 게)

③ 撻罰(달벌) 종아리를 때려 벌함(撻 때릴 달 罰 벌할 벌)

④ 螳螂(당랑) 사마귀(螳 사마귀 당 螂 사마귀 랑(낭))

⑤ 襤褸(남루) 낡고 해진 누더기 옷
　　　　　　 (襤 헌누더기 남(람) 褸 헌누더기 루(누))

⑥ 欺瞞(기만) 남을 감쪽같이 속여 넘김
　　　　　　 (欺 속일 기 瞞 속일 만/부끄러워할 문)

⑦ 蕣花(순화) 무궁화(蕣 무궁화 순 花 꽃 화)

⑧ 鴛鴦(원앙) 오릿과의 물새. 금실 좋은 부부를 비유한 말
　　　　　　 (鴛 원앙 원 鴦 원앙 앙)

⑨ 曄然(엽연) 기상이 뛰어나고 성한 모양
　　　　　　 (曄 빛날 엽 然 그럴/불탈 연)

⑩ 壅塞(옹색) 형편이 몹시 어려움(壅 막을 옹 塞 막힐 색/변방 새)

⑪ 蹂躪(유린) 남의 권리나 인격을 짓밟음
　　　　　　 (蹂 밟을 유 躪 짓밟을 린(인))

⑫ 霑濡(점유) 물기에 젖음(霑 젖을 점 濡 적실 유)

⑬ 獨擅(독천) 자기 마음대로 일을 처리함
　　　　　　 (獨 홀로 독 擅 멋대로할 천)

⑭ 懈惰(해타) 일하기를 싫어하는 태도나 버릇
　　　　　　 (懈 게으를 해 惰 게으를 타)

⑮ 急遽(급거) 몹시 서둘러 급작스러운 모양
　　　　　　 (急 급할 급 遽 급히 거)

1335 謗	1336 擘	1337 檗	1338 瞥	1339 黴
1340 鍑	1341 賻	1342 繃	1343 騁	1344 賽
1345 嵬	1346 藝	1347 篠	1348 諉	1349 璪
1350 櫹	1351 瑟	1352 鍔	1353 鮫	1354 闇
1355 曖	1356 臆	1357 檍	1358 繢	1359 嶸

1335	1336	1337	1338	1339
謗	擘	蘗	瞥	撇
헐뜯을 **방**	엄지손가락 **벽**	황벽나무 **벽** 황벽나무 **백**	눈깜짝할 **별**	털 **별**

1340	1341	1342	1343	1344
鍑	賻	繃	騁	賽
솥 **복**	부의 **부**	묶을 **붕**	달릴 **빙**	굿할 **새**

1345	1346	1347	1348	1349
嶼	褻	篠	謖	璲
섬 **서**	더러울 **설**	조릿대 **소**	일어날 **속**	패옥 **수**

1350	1351	1352	1353	1354
橚	瑟	鍔	鮟	闇
나무줄지어설 **숙**	푸른구슬 **슬**	칼날 **악**	아귀 **안**	숨을 **암** 큰물질 **음**

1355	1356	1357	1358	1359
曖	臆	檍	縯	嶸
희미할 **애**	가슴 **억**	감탕나무 **억**	길 **연** 당길 **인**	가파를 **영**

1360	1361	1362	1363	1364
獰	瀯	鍱	霓	嫛

1365	1366	1367	1368	1369
邀	繇	聳	轅	孺

1370	1371	1372	1373	1374
瀄	隮	薏	謚	牆

1375	1376	1377	1378	1379
檣	輾	餞	樫	頖

1380	1381	1382	1383	1384
璪	糟	罇	蹉	簒

1360	1361	1362	1363	1364
獰	濚	鍈	霙	嬰
모질 **영**	물졸졸흐를 **영**	방울소리 **영**	진눈깨비 **영**	갓난아이 **영**

1365	1366	1367	1368	1369
邀	繇	聳	轅	孺
맞을 **요**	역사 **요** 점사 **수** 말미암을 **유**	솟을 **용** 두려워할 **송**	끌채 **원**	젖먹이 **유**

1370	1371	1372	1373	1374
澐	隥	薏	謚	牆
강이름 **은**	도지개 **은**	율무 **의** 연밥알 **억**	웃을 **익**	담 **장**

1375	1376	1377	1378	1379
檣	輾	餞	檉	頲
돛대 **장**	돌아누울 **전** 삐걱거릴 **년**	보낼 **전**	위성류 **정**	아름다운모양 **정**

1380	1381	1382	1383	1384
璪	糟	噂	蹉	簒
면류관드림옥 **조**	지게미 **조**	기쁠 **준**	미끄러질 **차**	빼앗을 **찬**

1385 璨	1386 蟄	1387 礐	1388 讐	1389 邂
1390 蹊	1391 濩	1392 谿	1393 嚆	1394 壎
1395 薨	1396 虧	총18획	1397 鎧	1398 瞼
1399 鵠	1400 翹	1401 謳	1402 瞿	1403 竅
1404 繳	1405 騏	1406 簞	1407 櫂	1408 擘

1385	1386	1387	1388	1389
璨	蟄	壑	巋	邂
			산높은모양	우연히만날
옥빛 **찬**	숨을 **칩**	구렁 **학**	**한**	**해**

1390	1391	1392	1393	1394
蹊	濩	谿	嚆	燻
	퍼질 **호**			
좁은길 **혜**	삶을 **확**	뚫린골 **활**	울릴 **효**	질나팔 **훈**

1395	1396		1397	1398
薨	虧	총**18**획	鎧	瞼
훙서 **훙**				
많을 **횡**	이지러질 **휴**		갑옷 **개**	눈꺼풀 **검**

1399	1400	1401	1402	1403
鵠	翹	謳	瞿	竅
고니 **곡**				
과녁 **곡**	뛰어날 **교**	노래 **구**	놀랄 **구**	구멍 **규**

1404	1405	1406	1407	1408
璣	騏	簞	櫂	擥
갈 **기**	준마 **기**	소쿠리 **단**	노 **도**	가질 **람(남)**

1409	1410	1411	1412	1413
瀏	邀	朦	鶵	頜

1414	1415	1416	1417	1418
蟠	檳	璿	觴	蕻

1419	1420	1421	1422	1423
邃	璹	燼	蓋	瑨

1424	1425	1426	1427	1428
瀁	歟	璵	繞	燿

1429	1430	1431	1432	1433
蟯	曘	檼	邇	薺

1409	1410	1411	1412	1413
瀏	邈	朦	鵡	旻
맑을 류(유)	멀 막	흐릴 몽 풍부할 몽	앵무새 무	강할 민 가을하늘 민

1414	1415	1416	1417	1418
蟠	檳	璸	觴	葇
서릴 반	빈랑나무 빈	구슬무늬 빈	잔 상	아름다울 서

1419	1420	1421	1422	1423
邃	璹	燼	蓋	璶
깊을 수	옥그릇 숙 옥이름 도	불탄끝 신	조개풀 신 나머지 탄	옥돌 신

1424	1425	1426	1427	1428
瀁	歟	璵	繞	爍
내이름 양	어조사 여	옥 여	두를 요	빛날 요 녹일 삭

1429	1430	1431	1432	1433
蟯	曘	檼	邇	薺
요충 요	햇빛 유	마룻대 은	가까울 이	냉이 제

1434	1435	1436	1437	1438
燾	繪	贄	蹟	雛

1439	1440	1441	1442	1443
鎚	麿	贅	攄	闌

1444	1445	1446	1447	1448
擺	斃	檻	闔	瀅

1449	1450	총19획	1451	1452
鎣	簧		鵑	鯤

1453	1454	1455	1456	1457
蹶	譏	獺	韜	犢

1434	1435	1436	1437	1438
燽	繒	贄	蹠	雛
밝을 **주**	비단 **증**	폐백 **지**	밟을 **척**	병아리 **추**

1439	1440	1441	1442	1443
鎚	壓	贅	攄	闖
쇠망치 **추** 옥다듬을 **퇴**	닥칠 **축** 줄어들 **척**	혹 **췌**	펼 **터**	엿볼 **틈**

1444	1445	1446	1447	1448
擺	斃	檻	闔	瀅
열 **파**	죽을 **폐**	난간 **함**	문짝 **합**	물맑을 **형**

1449	1450		1451	1452
鎣	簧	총19획	鶊	鯤
줄 **형**	허 **황**		꾀꼬리 **경**	곤이 **곤**

1453	1454	1455	1456	1457
蹶	譏	獺	韜	犢
넘어질 **궐** 뛰어일어날 **궤**	비웃을 **기**	수달 **달** 수달 **랄**	감출 **도** 활집 **도**	송아지 **독**

1458	1459	1460	1461	1462
轞	櫩	嘘	瀘	罋
1463	1464	1465	1466	1467
瀧	鏤	蠃	鏋	麛
1468	1469	1470	1471	1472
龐	穮	瀕	嚲	黮
1473	1474	1475	1476	1477
鵏	蠅	磌	嚥	藕
1478	1479	1480	1481	1482
贇	瀜	艤	鏑	瀞

1458	1459	1460	1461	1462
襤	櫚	嚧	濾	壟
헌누더기 람(남)	종려 려(여)	웃을 로	물이름 로(노)	밭두둑 롱(농)

1463	1464	1465	1466	1467
瀧	鏤	羸	鏋	靡
비올 롱(농) 여울 랑(낭)	새길 루(누)	파리할 리(이)	금 만	쓰러질 미 갈 마

1468	1469	1470	1471	1472
龐	馪	瀕	嚬	霅
어지러울 방 충실할 롱(농)	향기 빈	물가 빈 가까울 빈	찡그릴 빈	싸라기눈 소

1473	1474	1475	1476	1477
鷞	蠅	礖	嚥	藕
새매 수	파리 승	돌이름 여	삼킬 연	연뿌리 우

1478	1479	1480	1481	1482
贇	瀜	艤	鏑	瀞
예쁠 윤 예쁠 빈	물깊고넓은모양 융	정박할 의 거룩배 차	화살촉 적	맑을 정

문제 10 다음 한자 단어의 음을 보기에서 골라 적어 보자.

① 賻儀(   ) ② 曖昧(   ) ③ 獰惡(   )

④ 邀擊(   ) ⑤ 糟粕(   ) ⑥ 驚蟄(   )

⑦ 空豁(   ) ⑧ 騏驥(   ) ⑨ 朦朧(   )

⑩ 幽邃(   ) ⑪ 鳳雛(   ) ⑫ 疲斃(   )

⑬ 韜晦(   ) ⑭ 靡寧(   ) ⑮ 棕櫚(   )

답을 골라 볼까...

요격	기기	종려	부의	영악
경칩	유수	미령	애매	조박
몽롱	도회	봉추	피폐	공활

※ 상공회의소 한자시험 기출 한자들입니다.

① 賻儀(부의) 초상집에 부조로 보내는 돈이나 물품
　　　　　　（賻 부의 부 儀 거동 의）

② 曖昧(애매) 희미하여 분명하지 않음(曖 희미할 애 昧 어두울 매)

③ 獰惡(영악) 모질고 사납다(獰 모질 영(녕) 惡 악할 악/미워할 오)

④ 邀擊(요격) 공격해 오는 대상을 기다리고 있다가 도중에서
　　　　　　맞받아침(邀 맞을 요 擊 칠 격)

⑤ 糟粕(조박) 술을 거르고 남은 찌끼. 이미 다 밝혀서 지금은 전혀
　　　　　　새로움이 없는 것을 비유한 말
　　　　　　（糟 지게미 조 粕 지게미 박）

⑥ 驚蟄(경칩) 이십사절기의 하나로 겨울잠을 자던 벌레와 개구리가
　　　　　　깨기 시작 한다는 시기(驚 놀랄 경 蟄 숨을 칩)

⑦ 空豁(공활) 텅 비어 매우 넓음(空 빌 공 豁 뚫린골 활)

⑧ 騏驥(기기) 말이 몹시 빠르고 잘 달린다는 뜻이며 군자를 비유한
　　　　　　말(騏 준마 기 驥 천리마 기)

⑨ 朦朧(몽롱) 의식이 뚜렷하지 않고 흐리멍덩함
　　　　　　（朦 흐릴 몽 朧 흐릿할 롱(농)）

⑩ 幽邃(유수) 깊숙하고 그윽함(幽 그윽할/검을 유 邃 깊을 수)

⑪ 鳳雛(봉추) 봉황의 새끼라는 뜻으로 슬기와 꾀가 뛰어난 젊은이를
　　　　　　비유한 말(鳳 봉새 봉 雛 병아리 추)

⑫ 疲斃(피폐) 기운이 지쳐 죽음(疲 피곤할 피 斃 죽을 폐)

⑬ 韜晦(도회) 재능이나 학식 따위를 숨겨 감춤
　　　　　　（韜 감출/활집 도 晦 그믐 회）

⑭ 靡寧(미령) 어른의 몸이 병으로 인하여 편하지 못함
　　　　　　（靡 쓰러질 미/갈 마 寧 편안할 령(영)）

⑮ 棕櫚(종려) 야자과의 상록교목(棕 종려나무 종 櫚 종려 려(여)）

1483	1484	1485	1486	1487
繰	瓆	鯖	騙	瀚

1488	1489	1490	1491	1492
瀅	嚮	醢	譁	譎

총20획	1493	1494	1495	1496
	釀	騫	饉	夔

1497	1498	1499	1500	1501
竇	籃	瓏	朧	藺

1502	1503	1504	1505	1506
饅	襪	鶩	鰒	譬

1483	1484	1485	1486	1487
繰	瓆	鯖	騙	瀚
고치켤 **조** 고치켤 **소**	사람이름 **질**	청어 **청** 잡회 **정**	속일 **편**	넓고큰모양 **한**

1488	1489	1490	1491	1492
瀣	嚮	醯	譁	譎
이슬기운 **해**	길잡을 **향**	식혜 **혜**	시끄러울 **화**	속일 **휼**

총 20획	1493	1494	1495	1496
	醵	蹇	饉	夔
	추렴할 **각** 추렴할 **거**	이지러질 **건**	주릴 **근**	조심할 **기**

1497	1498	1499	1500	1501
竇	籃	瓏	朧	藺
구멍 **두**	대바구니 **람**(**남**)	옥소리 **롱**(**농**)	흐릿할 **롱**(**농**)	골풀 **린**(**인**)

1502	1503	1504	1505	1506
饅	襪	鶩	鰒	譬
만두 **만**	버선 **말**	집오리 **목**	전복 **복**	비유할 **비**

1507 繽	1508 霰	1509 孀	1510 鐥	1511 鰐
1512 囂	1513 瞞	1514 濚	1515 蘂	1516 蹠
1517 齟	1518 癎	1519 鎌	1520 驕	1521 鰍
1522 瓢	1523 鰕	1524 櫶	1525 譞	1526 鐥
1527 斁	1528 曦	1529 爔	총21획	1530 譴

1507	1508	1509	1510	1511
繽	霰	孀	鐥	鰐
어지러울 **빈** 성한모양 **빈**	싸라기눈 **산** 싸라기눈 **선**	홀어미 **상**	복자 **선** 낫 **삼**	악어 **악**

1512	1513	1514	1515	1516
罌	瞔	瀯	醴	躇
양병 **앵**	청명할 **연**	물졸졸흐를 **영**	꽃술 **예**	머뭇거릴 **저**

1517	1518	1519	1520	1521
齟	癤	鏶	騶	鰍
어긋날 **저**	부스럼 **절**	판금 **집**	말먹이는사람 **추**	미꾸라지 **추**

1522	1523	1524	1525	1526
飄	鰕	櫶	譞	鐄
나부낄 **표**	새우 **하**	나무이름 **헌**	영리할 **현**	종 **횡**

1527	1528	1529		1530
斅	曦	燨	총 **21**획	譴
가르칠 **효**	햇빛 **희**	불 **희**		꾸짖을 **견**

1531	1532	1533	1534	1535
轟	饋	鐺	瓓	蠣

1536	1537	1538	1539	1540
驀	霹	蘗	饍	蘚

1541	1542	1543	1544	1545
齧	殲	蘖	擧	薹

1546	1547	1548	1549	1550
嚼	齎	鐫	躊	蠢

1551	1552	1553	1554	1555
飇	驃	顥	鰥	鐶

1531	1532	1533	1534	1535
轟	饋	鐺	瓓	蠣
울릴 굉	보낼 궤	쇠사슬 당 솥 쟁	옥무늬 란	굴조개 려(여)

1536	1537	1538	1539	1540
驀	霹	蘖	饍	蘚
말탈 맥	벼락 벽	황경나무 벽 그루터기 얼	반찬 선	이끼 선

1541	1542	1543	1544	1545
齧	殲	蘗	轝	蘟
물 설	다죽일 섬	그루터기 얼 황경나무 벽	수레 여	나물이름 은

1546	1547	1548	1549	1550
嚼	齎	鐫	躊	蠢
씹을 작	가져올 재 재물 자 가질 제	새길 전	머뭇거릴 주	꾸물거릴 준

1551	1552	1553	1554	1555
飆	驃	顥	鰥	鐶
폭풍 표	황부루 표	클 호	홀아비 환	고리 환

총22획	1556 鑒	1557 鰊	1558 瓘	1559 欒
1560 孌	1561 巒	1562 鰻	1563 灑	1564 禳
1565 穰	1566 齬	1567 矙	1568 顫	1569 齪
1570 攢	1571 巑	1572 譸	1573 驍	1574 鑢
1575 囍	총23획	1576 蠱	1577 邏	1578 欒

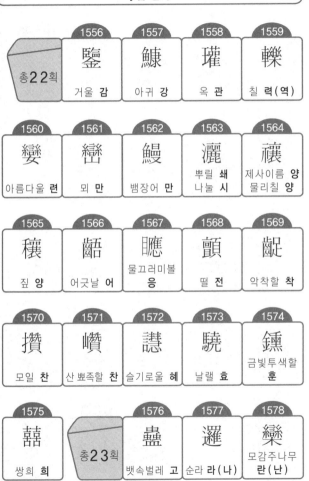

1556	1557	1558	1559
총22획 鑒 거울 **감**	鱇 아귀 **강**	瓘 옥 **관**	轢 칠 력(**역**)

1560	1561	1562	1563	1564
變 아름다울 **련**	巒 뫼 **만**	鰻 뱀장어 **만**	灑 뿌릴 **쇄** 나눌 **시**	禳 제사이름 **양** 물리칠 **양**

1565	1566	1567	1568	1569
穰 짚 **양**	齬 어긋날 **어**	矖 물끄러미볼 **응**	顚 떨 **전**	齪 악착할 **착**

1570	1571	1572	1573	1574
攢 모일 **찬**	巇 산 뾰족할 **찬**	譓 슬기로울 **혜**	驍 날랠 **효**	鑂 금빛투색할 **훈**

1575		1576	1577	1578
囍 쌍희 **희**	총23획	蠱 뱃속벌레 **고**	邏 순라 라(**나**)	欒 모감주나무 란(**난**)

1579	1580	1581	1582	1583
徽	鼈	醺	癰	護

1584	1585	총24획	1586	1587
攫	鷸		衢	攬

1588	1589	1590	1591	1592
靂	齷	靄	艷	鰲

1593	1594	1595	1596	1597
癲	韆	韆	矗	驟

1598	총25획	1599	1600	1601
灝		蠹	欖	鼉

1579 黴 곰팡이 미 매우 매	1580 鱉 자라 별	1581 醼 잔치 연	1582 癰 악창 옹	1583 頀 구할 호
1584 攫 움킬 확	1585 鷸 도요새 휼	총 24획	1586 衢 네거리 구	1587 攬 가질 람(남)
1588 靂 벼락 력(역)	1589 齷 악착할 악	1590 靄 아지랑이 애	1591 艷 고울 염	1592 鰲 자라 오
1593 癲 미칠 전	1594 靤 관대할 차 풍부할 다	1595 韆 그네 천	1596 矗 우거질 촉	1597 驟 달릴 취
1598 灝 넓을 호	총 25획	1599 纛 기 독 기 도	1600 欖 감람나무 람(남)	1601 鼈 자라 별

1602 纜　1603 躪　1604 鑽　

1605 戀　1606 鸚　1607 驪

총27획

1602	1603	1604
纜	躪	鑽
닻줄 **람(남)**	짓밟을 **린(인)**	뚫을 **찬**

총28획

1605	1606	1607
戇	鸚	驩
어리석을 **당**	앵무새 **앵**	기뻐할 **환**

문제 11 ─ 다음 한자 단어의 음을 보기에서 골라 적어 보자.

① 譁然(   ) ② 飢饉(   ) ③ 譬喩(   )

④ 靑孀(   ) ⑤ 躊躇(   ) ⑥ 譴責(   )

⑦ 轟音(   ) ⑧ 霹靂(   ) ⑨ 鰥夫(   )

⑩ 豐穰(   ) ⑪ 顫動(   ) ⑫ 齷齪(   )

⑬ 醮享(   ) ⑭ 康衢(   ) ⑮ 鑽硏(   )

답을 골라 볼까...

풍양	벽력	견책	연향	찬연
환부	전동	기근	강구	악착
주저	화연	꾐음	청상	비유

※ 상공회의소 한자시험 기출 한자들입니다.

① 譁然(화연) 여러 사람이 떠들썩하게 지껄이는 소리나 모양
(譁 시끄러울 화 然 그럴/불탈 연)

② 飢饉(기근) 흉년으로 먹을 양식이 모자라 굶주림
(飢 주릴 기 饉 주릴 근)

③ 譬喩(비유) 직접 설명하지 않고 비슷한 현상이나 사물을 빗대어
설명하는 일(譬 비유할 비 喩 깨우칠 유)

④ 靑孀(청상) 젊어서 남편을 잃고 홀로된 여자
(靑 푸를 청 孀 홀어미 상)

⑤ 躊躇(주저) 머뭇거리며 망설임(躊 머뭇거릴 주 躇 머뭇거릴 저)

⑥ 譴責(견책) 허물이나 잘못을 꾸짖고 나무람
(譴 꾸짖을 견 責 꾸짖을 책)

⑦ 轟音(굉음) 몹시 요란하게 울리는 소리(轟 울릴 굉 音 소리 음)

⑧ 霹靂(벽력) 공중의 전기와 땅 위의 물체에 흐르는 전기 사이에 방
전작용으로 일어나는 현상(霹 벼락 벽 靂 벼락 력(역))

⑨ 鰥夫(환부) 아내를 잃고 혼자 지내는 남자
(鰥 홀아비 환 夫 지아비 부)

⑩ 豊穰(풍양) 풍년이 들어 곡식이 잘 여묾(豊 풍년 풍 穰 짚 양)

⑪ 顫動(전동) 떨거나 떨려서 움직임(顫 떨 전 動 움직일 동)

⑫ 齷齪(악착) 일을 해 나가는 태도가 매우 끈기 있고 모진 것
(齷 악착할 악 齪 악착할 착)

⑬ 醼享(연향) 국빈을 대접하는 잔치(醼 잔치 연 享 누릴 향)

⑭ 康衢(강구) 사방으로 두루 통하는 번화한 큰 길거리
(康 편안 강 衢 네거리 구)

⑮ 鑽硏(찬연) 학문 따위를 깊이 힘써 연구함
(鑽 뚫을 찬 硏 갈/벼루 연)

읽어보는 1급사자성어

蘭芷漸滫 (난지점수) 난초와 구릿대. 착한사람이 나쁜것에 물듦
　　　　　(蘭 난초 난 芷 어수리 지 漸 점점 점 滫 뜨물 수)

短小精悍 (단소정한) 보이는 모습과 달리 작은 것이 강하고 당차다
　　　　　(短 짧을 단 小 작을 소 精 정할 정 悍 사나울 한)

難化之氓 (난화지맹) 옳은 길로 이끌기 힘든 어리석은 백성
　　　　　(難 어려울 난 化 될 화 之 갈 지 氓 백성 맹)

矯枉過直 (교왕과직) 잘못된 것을 바로잡으려다가 너무 지나쳐서
　　　　　　　　　 오히려 나쁘게 됨
　　　　　(矯 바로잡을 교 枉 굽을 왕 過 지날 과 直 곧을 직)

伶牙俐齒 (영아이치) 말솜씨가 좋음
　　　　　(伶 영리할 영 牙 어금니 아 俐 똑똑할 이 齒 이 치)

甛言蜜語 (첨언밀어) 남을 꾀기 위한 듣기 좋고 달콤한 말
　　　　　(甛 달 첨 言 말씀 언 蜜 꿀 밀 語 말씀 어)

寤寐不忘 (오매불망) 자나깨나 잊지 못함
　　　　　(寤 잠 깰 오 寐 잘 매 不 아닐 불 忘 잊을 망)

玉石混淆 (옥석혼효) 옥과 돌이 함께 뒤섞여 있음. 좋은 것과 나쁜
　　　　　　　　　 것이 한데 섞여 있음
　　　　　(玉 구슬 옥 石 돌 석 混 섞을 혼 淆 뒤섞일 효)

駟不及舌 (사불급설) 재빠른 사마라도 사람의 혀에는 미치지 못함.
　　　　　　　　　 소문은 순식간에 퍼지므로 말을 조심해야 함
　　　　　(駟 사마 사 不 아닐 불 及 미칠 급 舌 혀 설)

瞋目張膽 (진목장담) 매우 큰 용기를 냄
　　　　　(瞋 부릅뜰 진 目 눈 목 張 베풀 장 膽 쓸개 담)